東北のチカラ

Tohoku no chikara

みちのく魂と池田大作のまなざし

潮出版社

はじめに

二〇一一年三月十一日の東日本大震災から、まもなく一〇年の歳月が経《た》とうとしている。

この間、東北の被災地では、一〇〇年先、一〇〇〇年先を展望した未来志向の街づくりのために、建設の槌音《つちおと》がたくましく鳴り響いている。

もちろん復興はまだ緒《ちょ》についたばかりであり、「最後の一人が立ち上がるその日」が復興のゴールであることはいうまでもない。いまだ行方不明者は二五〇〇人以上おり、四万人を超える人々が避難生活を余儀なくされ、震災関連死は、三七〇〇人に上《のぼ》る（二〇二〇年九月現在）。

また、原発事故の廃炉作業には待ったなしの課題が山積している。言い知れぬ闇夜《やみよ》の中にあって、声を殺して泣く人がいることを絶対に忘れてはならない。いま被災地で起きていることは、風化《ふうか》との戦いでもある。

しかし一方で、わずか一〇年にも満たない歳月には、この東北でしか成《な》し得《え》なかった力強い歩みがある。

被災三県（岩手県、宮城県、福島県）の製造品出荷額は、二〇一八年に震災前の水準まで回復。二〇二〇年三月には、不通になっていたＪＲ常磐線が全線開通し、東北の路線がすべて回復した。

なにより発災直後から、自らをなげうって、力の限り地域の復興のために尽くす被災者の営《いとな》みは、遠く海を越えた人々の心をも震《ふる》わせた。

この地道にして着実な歩みには、陰で苦労して人に尽くしながら喝《かっ》采《さい》など求めない、誰が見ていようがいまいが、誠実な行動を貫《つらぬ》き通す東北人の「みちのく魂」が脈打《みゃくう》っている。

そうした東北人の底知れぬ「粘《ねば》り強さ」「絶対に屈しない底力」を誰よりも愛し、温《あたた》かなまなざしを送りつづけてきたのが、創価学会の池田大作名誉会長である。

「『心の財《たから》』だけは絶対に壊《こわ》されない」

あの東日本大震災の発災から六日目。名誉会長は、被災地の同志にこう言葉を寄せた。

人々はこの言葉を抱きしめ、身を寄せ合って声に出して読み、支え合った。

胸が張り裂けるような惨状《さんじょう》の中で、誰もが互いにどう声をかけるべきか言葉を失っていた時に、「言葉」が復活した瞬間だった。

果たして、名誉会長の「言葉」の力とは何だったのか。被災地の力強い歩みの背景にある東北人の「強さ」とは何だったのか。

今回、東北復興を担《にな》う六県の錚々《そうそう》たる識者一八名に、みちのくの大地に貫《つらぬ》く魂と、池田名誉会長の人物像について語っていただいた。

東北を代表する一八名の視座と、名誉会長が東北の天地に向けたまなざしが交差するところに、未来を開く核心があると考えたからだ。

いずれもその慧眼《けいがん》と力強い言葉には、膝《ひざ》を打つことばかりであったが、図《はか》らずも一八名の識者に連なる共通認識があった。

それは「東北の未来は、世界の未来」ということである。

いま東北で起きていることとは、これから日本、世界で起きることでもある。ゆえに、試練に屈《くっ》せず、手を携《たずさ》えて新たな開拓に挑《いど》む「東北モデル」に、世界が学ぶことは多いはずだ。

本書は、「東北の力」を「東北の地から」世界へ発信する試みでもある。

本書の成立にあたってはまず、ご多忙にもかかわらず、ご賢察《けんさつ》を寄せてくださった一八名の方々に心より御礼申し上げたい。

そして今日も郷土の繁栄のためにひた走る、全東北の人々に最大限の敬意をこめて、「はじめに」とさせていただく。

『東北のチカラ』編纂委員会

東北のチカラ——みちのく魂と池田大作のまなざし

目次

第2章 アカデミズムから読み解く東北

一、本書は、月刊『潮』に連載された「東北の未来を拓く――識者の声」を収録し、加筆・修正したものです。

一、記事の冒頭に掲載年月号を記載しました。

一、肩書、時系列等は掲載当時のものです。

第1章
東北メディアの視座

「心の財《たから》」を広げ東北振興を進める

〈2017年9月号掲載〉

一力《いちりき》 雅彦《まさひこ》

（河北新報社代表取締役社長）

１９６０年生まれ。仙台市出身。立教大学、東京大学新聞研究所卒業後、株式会社河北新報社に入社。編集局次長兼特報部長、取締役編集局長などを経て、２００５年、代表取締役社長に就任。日本新聞協会副会長、仙台経済同友会代表幹事など兼職多数。

「東北振興」「不羈《ふき》独立《どくりつ》」

「河北新報《かほくしんぽう》」は明治三十年（一八九七年）一月十七日に創刊し、本年（二〇一七年）一二〇周年の節《ふし》を刻《きざ》みました。

創刊当時の日本では、戊辰《ぼしん》戦争で敗《やぶ》れた東北地方は「白河《しらかわ》以北一山《ひとやま》百文《もん》」（白河より北の土地は、一山に百文の価値しかない）と軽《かろ》んじられていました。

こうした風潮《ふうちょう》を払拭《ふっしょく》するため、「東北振興」「不羈《ふき》独立《どくりつ》」（束縛を受けず自立する）の社是《しゃぜ》を掲《かか》げ、強い気概《きがい》を持って「河北新報」は創刊されたのです。

この創業の精神は不変です。「東北振興」は現在でいえば、東日本大震災からの復興、再生につながります。

そのために、震災の翌二〇一二年一月、私たちは「東北再生への提言」を発表しました（三分野一一項目の提言の一つである「大学医学部の新設」は一六年四月、東北医科薬科大学の新設により実現）。さらに、一七年一月には「東北の道しるべ」を提案。「『東北スタンダード』を掲げよう」「『INAKA（いなか）を世界へ』広めよう」など六項目の提言です。

こうした提言の根底には、東北の再生が日本再生の起爆剤になるとの信念、そして「東北の可能性」を発信しようとの決意があります。

震災によって、それまでも東北が抱えていた課題の深刻さが加速しました。

たとえば人口減少です。津波と原発事故の被害を受けた沿岸部を中心に、岩手・宮城・福島では、いまだに一〇万人近くの方が避難しています。とりわけ若年層の人口流出は目立っています。

産業面でも大きな打撃を受けました。震災前も水産加工業などは厳しい状況がありましたが、追い打ちをかけるように震災で多くの販路《はんろ》を失いました。その再構築は途上です。

また、被災地では新たな課題にも直面しています。災害公営住宅をはじめ、新設された住宅団地でのコミュニティーづくりです。

しかし、こうした課題は、東北だけではなく、日本全体が将来直面する課題です。それを東北が先取りして解決していく。それが、全国から支援を受けてきた東北からの恩返しになると思います。

求められる民間の力

課題解決のためには、行政だけでは限界があります。「民の力」が必要です。

その信念のもとに、河北新報社は「提言」だけではなく、震災の翌年から防災・減災ワークショップ（体験型講座）「むすび塾」を全国各地で主催。この（二〇一七年の）六月で通算六八回を数えました。これは「狭く深く」をテーマにした地域密着の取り組みです。

例えば、単に「あの高台に逃げろ」といっても、地域ごとに地形や街並みが違います。足の不自由な高齢者はどうすればいいいか。自宅介護の人をどう避難させるか。日ごろから住民が地域の実情を把握していることが重要です。

それを念頭に「むすび塾」では専門家なども交《まじ》え、小さな単位で共に語り、共に動いて考えます。この取り組みは防災意識の向上のみならず、地域コミュニティーの構築にも寄与《きよ》しています。

2016 年 9 月 18 日に開催された第 4 回「ツール・ド・東北」
(河北新報社提供)

また、二〇一三年からヤフーと共催で「ツール・ド・東北」を実施しています。津波被害を受けた沿岸部を自転車で走るイベントで、昨年（二〇一六年）は三七六四人が出場しました。

「風化」と「風評被害《ふうひょうひがい》」を防ぐとともに、新たな価値も生まれています。それは人と人の結び付きです。

イベントでは、地元住民がボランティアで参加したり、「民泊《みんぱく》」

に協力したりして、そこから新たな交流が始まっています。

今年（二〇一七年）九月には五回目の開催が決まっています。東北を「一大サイクリングフィールド」にすることも視野に入れ、一〇回は継続しようと考えています。

こうした取り組みのキーワードは「結《むす》ぶ力」です。人と人を結び、地域と地域を結ぶ。これこそ河北新報社の使命であり、未来を拓《ひら》く東北の力だと考えます。

池田大作創価学会名誉会長は、震災前から一貫して「二十一世紀は東北の時代」と訴えてこられました。かつて東北に贈られた長編詩「みちのくの幸《さち》の光彩《こうさい》」にはこうつづられています。

〈いま世界の人々が
　東北を見つめている

東北にあこがれている
東北には
真の「平和」がある
真の「人間」がいる〉

東北への深いまなざしに感銘《かんめい》します。私が先ほど述べた「結ぶ力」の要《かなめ》も、まさに「人間」です。震災後、私は東北の家族やコミュニティーの強い絆《きずな》、自然と調和して生きる東北人のたくましさを再確認しました。

私たちの提言にある「東北スタンダード」とは、いわば「物差しを変えよう」という提案です。右肩上《みぎかたあ》がりの経済成長を求めるのではなく、人間性の豊かさが輝く循環型社会を目指す。その先進モデルをつくる使命が東北にある。

その意味では、東北の復興は「東北の、東北による、世界のための復興」であると確信します。

青葉城址での師弟の語らい

私は日ごろから「復興とはイノベーションだ」と訴えています。これは単なる技術革新にとどまらず、大きな意味での「価値観の変革」です。それには、次代を担う人材の育成が不可欠です。

人材育成の観点で強く印象に残っている出来事があります。

それは二〇一四年十月、私が講義をした創価大学の特別講座「トップが語る現代経営」でのことです。

創価大学の学生の熱意に驚きました。教室に一歩足を踏み入れると大きな横断幕が掲げてあり、学生の皆さんが大歓迎してくださったのです。その情熱に感銘し、「最後の一分一秒まで、九〇分間きちっと話をしよう」と身が引き締まりました。学生たちに創立者である池田名誉会長の心が息づいているのだと思いました。

実は、私の父である一力一夫《かずお》（当時は河北新報社の社主）も、二〇〇五年一月に同じ講座で講義しています。

その後、父が創価大学最高栄誉賞をいただいた時に、会場のエレベーター前で名誉会長が待機され、扉が開いた瞬間、「お待ちしておりました！」と迎えてくださったそうです。

この真心が、学生たちへ受け継がれていると感じたのです。

名誉会長の人材育成の原点は、昭和二十九年（一九五四年）四月二十五日、仙台・青葉城址《あおばじょうし》で刻まれたと思います。

その日、創価学会の戸田城聖第二代会長と名誉会長が共に青葉城址に上《のぼ》り、師である戸田会長から「学会は人材をもって城となす」との指針が示されたと伺いました。

戦後九年。まだ戦争の爪痕《つめあと》が残っている時期に示された「人材の城を築く」との至言《しげん》。名誉会長はこの言葉を今日まで大切にし、人材を育てられました。

昭和 29 年 4 月 25 日、仙台・青葉城址での戸田第 2 代会長と若き日の池田名誉会長　©Seikyo Shimbun

その取り組みは、創価学会の青年の姿に結実《けつじつ》しています。青年部の平和運動「ＳＯＫＡグローバルアクション」や一〇〇回の節を刻んだ「希望の絆」コンサートは、被災地に大きな希望を届けています。

こうした復興への活動の源流には、震災直後に名誉会長が東北に贈られた〈「心の財《たから》」だけは絶対に壊《こわ》されません〉との励ましもあると思います。「心の財」とは「生命の輝き」「豊かな人間性」と言い換えられます。それは、私たちが提唱する「東北スタンダード」、つまり人間性の豊かさが輝く社会の理念と共鳴《きょうめい》します。

その「心の財」を、名誉会長は一人ひとりの胸中に育《はぐく》まれてきた。だから創価学会は、どんな苦難に遭《あ》っても崩れない、壊れない。

名誉会長は人材という確固たる「無形の城」を築き、昭和二十九年の「青葉城址での師弟の語らい」を、まさに実現されたのです。

再生へ心ひとつに

「心の財」を広げ、「心の復興」を進める活動の一環として、当社も二〇一六年三月から五月にかけて「レオナルド・ダ・ヴィンチと『アンギアーリの戦い』展」を宮城県美術館で開催しました。この展覧会は東京富士美術館の企画展で、開幕に際して池田名誉会長から「河北新報」に寄稿をいただきました。

その中で名誉会長はダ・ヴィンチの言葉〈障害は私を屈せしめない。あらゆる障害は奮励《ふんれい》努力によって打破される〉を紹介しつつ、こうつづられています。

〈この雄渾《ゆうこん》なる魂が、いずこにもまして深く強く共感しゆく天地こそ、わが敬愛する東北でありましょう〉（一六年三月十八日付）

東北に対する名誉会長の一貫した期待と励ましに胸が熱くなりました。

河北新報社も、若者の国際交流を推進する「平成青少年遺欧使節団」や伝承講座「311『伝える／備える』次世代塾」を通し、若者が震災と向き合い、教訓を学ぶ場を提供するなど、人材の育成に力を注《そそ》いでいます。

震災後、当社は「再生へ心ひとつに」というスローガンを掲げています。

皆さまと心と力を合わせ、人材を育みながら、さらなる「東北振興」を目指したいと思います。

限りない創造力で苦難に立ち向かう

〈2018年2月号掲載〉

高橋《たかはし》 雅行《まさゆき》

（福島民報社代表取締役社長）

※当時

1953年生まれ。福島県出身。中央大学卒業。77年に福島民報社入社。報道部長、会津若松支社長、編集局長などを経て、2011年、常務取締役総務・経理担当。12年6月、代表取締役社長に就任。同社の県民に寄り添う報道と事業に、日本新聞協会から、12年度（編集部門）、14年度（編集部門・経営業務部門）の「新聞協会賞」に選出された。福島経済同友会代表幹事など兼職多数。現在は同社相談役。

「地域づくり会社」を目指す

弊社は二〇一七年、創刊一二五周年の節目《ふしめ》でした。この機にこれからの時代の地方紙は、情報を集約《しゅうやく》し、発信するだけの存在ではいけないとの思いを新たにいたしました。

福島県は、東日本大震災、原発事故からの復興途上にあります。しかし、社会的な課題は以前から内在《ないざい》していました。例えば人口減少です。二〇二三・八万人（一九九八年）をピークに、以後は毎年一万人ペースで減少していました。

こうした「地方の衰退《すいたい》」が叫ばれる中、弊社が目指すのは「地域づくり会社」です。二つのアプローチから県内を元気にしたいと考えています。

一つは「産業振興」です。弊社は二〇一五年度、県勢の活力アップにも貢献している企業や人材を対象に「ふくしま経済・産業・ものづくり賞」（略称・ふくしま産業賞）を創設しました。事業規模にかかわらず、熱意と創意工夫《そういくふう》を兼《か》ね備《そな》えた宝の存在をたたえ、周知することで、福島を「世界一の産業県」へ押し上げる一助《いちじょ》になればとの思いからです。

もう一つは「人づくり」です。二〇一二年から、県民の声を代弁《だいべん》する「ふくしま復興大使」を県内の中学生以上の老若男女から募集。国内外に派遣し、復興支援への恩返しを込め、福島の今を伝えています。

また、二〇一七年の創刊一二五周年を記念し、県内の全市町村に光を当てる「59市町村応援プロジェクト」を開始しました。五九の全市町村の取り組みを紙面で詳しく紹介する一方、県内を六つのブロックに分けて「地域づくり交流会」を開きました。地域づくり団体のリーダーらに事例《じれい》などを発表してもらい、出席した市町村長や議員、経済人、市民との交流を深めました。

併《あわ》せて、「かなえよう こどもたちの夢プロジェクト」も立ち上げました。子どもたちから「将来の夢」を募集したところ、何と四四三三人もの小学生から応募がありました。子どもたちの夢が生き生きと描かれており、二〇一七年十二月には応募してくれた小学生全員の名前と学校名、学年、夢のタイトルを七日間にわたって紙面で紹介しました。募集するだけでなく、子どもたちが夢へ一歩でも近づけるようにお手伝いもしています。

例えば福島県立医科大学に協力してもらい、「医者になりたい」という子どもには最新の医療現場の仕事を体験してもらいました。

「ピッコロ奏者になりたい」という子どもには、オーケストラの奏者から直接指導を受ける機会をつくりました。こうした経験は、やがて大きく花開くと期待しています。

「3・11」は福島、東北のさまざまな課題を浮《う》き彫《ぼ》りにしました。振り返れば、東北は受難の歴史の連続でした。それにもかかわらず、あまたの自然災害を乗り越えて、日本の食糧基地たる豊かな食文化が生まれたのです。

「疾風《しっぷう》に勁草《けいそう》を知る」（疾風勁草）という言葉があります。困難がその人の真価を見極めるとの意味です。いかなる苦

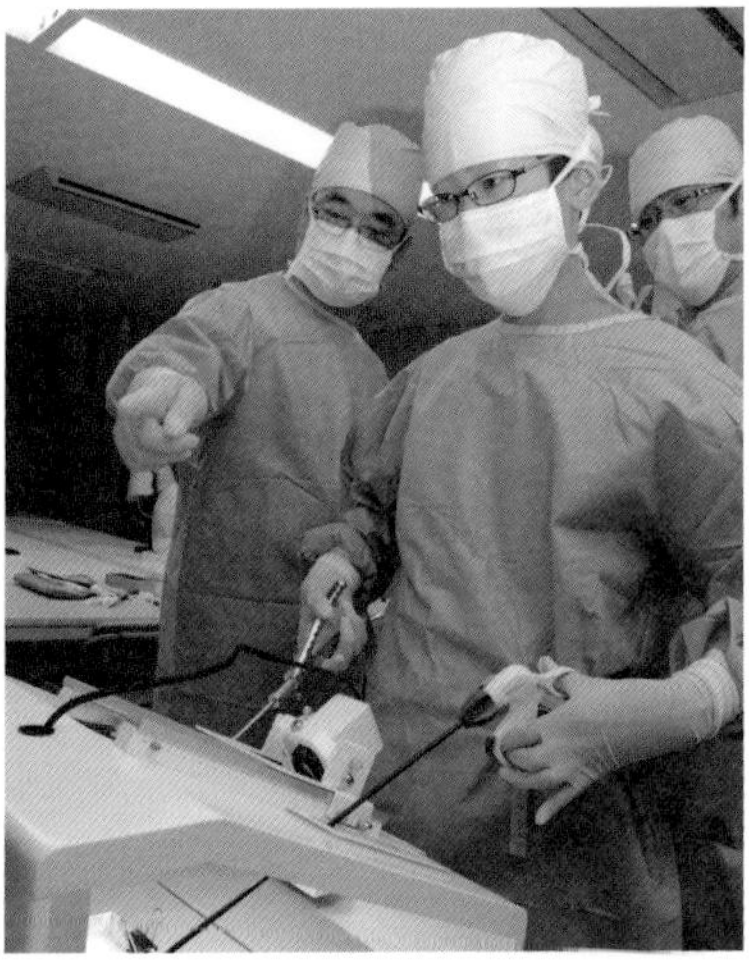
「かなえよう　こどもたちの夢プロジェクト」で夢応募賞に選ばれ、腹腔鏡手術の模擬体験をする小学6年生
（福島民報社提供）

難にも屈しない、「不屈の心」こそが東北の地域性であり、この地に暮らす人々が持つ力だと確信しています。

復興とは、単に元の姿に戻すことではありません。なればこそ弊社も「3・11」を機に生まれ変わった思いで、震災報道に注力してきました。

ふるさとから避難せざるを得ない、そんな信じられない事態が、福島県では現実に起きてしまいました。被災された方々は、言うに言われぬ思いで現実を生き抜いておられる。「開拓者」とも呼ぶべきこうした方々の復興の歩みに寄り添う。そして、刻々と変化する被災地の現状を丁寧に発信していく。

この責任を果たすために、心掛けてきた「姿勢」があります。震災後、一般には「頑張ろう」の言葉があふれました。しかし、これ以上頑張りようがないほど過酷《かこく》な状況に置かれた方々が大勢いました。そこで弊紙は「頑張ろう」の代わりに「負けない」という言葉を選択しました。「勝つことにもまして負けないことが大事である」。池田先生が折に触れて語られているこの言葉こそ、震災後の弊紙の報道精神そのものです。

逆境を打開する創意工夫の負けじ魂

二〇一六年五月、池田先生は三四本目となる弊紙への特別寄稿を執筆され、弊社の取り組みにも触れてくださいました。

二〇一二年、イギリス・ロンドンの中心部にあるホーランド公園の一角に「福島庭園」が造園されました。開園式には〝復興大使〟も参

イギリス・ロンドンの中心部にあるホーランド公園を散策するトインビー博士と池田名誉会長　©Seikyo Shimbun

加しました。驚いたことに同公園は、池田先生が歴史家アーノルド・J・トインビー博士と対談（一九七二年五月）の合間に散策された「思い出の場所」だというではありませんか。不思議な縁を感じました。公園にはふくしま復興大使が植樹した県花「ネモトシャクナゲ」が咲いています。

先生は寄稿で、博士の言葉を引用されました。「創造力の聖なる火種」を燃え上がらせて努力するならば、いかなる運命にも屈することはない、と。そして、この信念は〈福島の大地に脈打《みやくう》つ、どんな逆境も打開してみせる創意工夫の負けじ魂に通じます〉と、つづられました。わが県への絶大なエールに、胸が熱くなりました。未《み》曾《ぞ》有《う》の苦難に立ち向かうには、限りない創造力を発揮し続けていくことが肝要《かんよう》です。

武田信玄《たけだしんげん》は「人は城、人は石垣」と言いました。書籍『幸《さち》の光彩《こうさい》みちのくは未来』の冒頭で、先生は〈東北に聳《そび》え立つ「人材の城」は「不撓不屈《ふとうふくつ》の城」です〉とつづっています。「人材こそが城である」という精神に我々もならうべきでしょう。

震災で家族や仲間が命を落とし、原発事故で多くの県民が避難を余《よ》儀《ぎ》なくされる中、創価学会は即座《そくざ》に支援の手を差し伸べられました。

福島県内においては、九つの会館で多くの避難者を受け入れたと伺っています。学会員であろうがなかろうが、互いに助け合う。その互助精神から、私は人が支え合う営《いとな》みの原点を学びました。

〈どこよりも試練を越えゆく天地から、どこよりも不屈の人材が育つ〉との池田先生の言葉を胸に、より活力ある地域づくりに、まい進していく決意です。

安心と喜び多き「安《あ》喜《き》多《た》」を目指して

〈2018年4月号掲載〉

小笠原《おがさわら》 直樹《なおき》

（秋田魁新報社代表取締役社長）
※当時

1951年生まれ。秋田県出身。中央大学卒業後、株式会社秋田魁新報社に入社。社会部長、編集局長、論説委員長などを経て、2009年1月、代表取締役社長に就任。秋田経済同友会代表幹事、共同通信社理事会副会長など兼職多数。現在は同社相談役。

秋田を支える〝あったかい人間関係〟

秋田県は「教育立県」を目指しています。

文部科学省が実施する「全国学力・学習状況調査」（小学六年・中学三年生が対象）では、毎年トップレベルの成績を残しています。昨年（二〇一七年）は国語で全国一位、算数・数学は二位・三位でした。

学力が高い要因《よういん》はさまざまあるでしょうが、子どもが健《すこ》やかに育つために大切なのは「家族の結び付きが強い」ことではないでしょうか。

「秋田魁《さきがけ》新報」でも、かつて特集した学力日本一の紙面で「〝あったかい人間関係〟があるほど、学習効果が上がる」という教育関係者の声を紹介したことがあります。

この〝あったかい人間関係〟を築く上で大切なのが、祖父母の世代だと思います。

都道府県別の三世代同居率を見ると、全国平均五・七パーセントに対して秋田県は一三・四パーセントで全国トップクラスです。秋田だけではなく、東北では祖父母の世代が家族の中で重要な役割を担《にな》っています。

また、地域のつながりも子どもの成長を後押しします。

秋田県出身の応用微生物学者で、毎年のようにノーベル賞の候補者になる遠藤章《あきら》さんも周囲に支えられて大成《たいせい》した一人です。

山間部《さんかんぶ》に生まれた遠藤さんは、実家の農業を手伝いながら勉学に励み、定時制高校へ進みました。その後、学校の先生に勧《すす》められて全日制の高校へ転校し、大学に進学。研究者として努力を重ね、世界で広く使われている薬のもとになる物質を発見しました。

遠藤さんは、夢に向かうために重要だったものとして、家族との絆《きずな》や恩師との出会いを挙げています。

真の幸福社会を発信する力

家族の結び付きや地域のつながりを強め、幅広い世代が心豊かに生きる一助《いちじょ》になればと、当社はさまざまな事業を行ってきました。

大正時代から始めた全県俳句大会は昨年（二〇一七年）、九〇回の節目を迎えました。秋田書道展も八〇回を数えます。

一九七九年からは「全県五〇〇歳野球大会」もスタートしました。グラウンドに立つ九人の選手の年齢が、合計五〇〇歳以上というのが出場条件です。

第１回全国５００歳野球大会の開会式。秋田県内外から３２チームが集った（２０１７年7月１６日付「秋田魁新報」より）

なかには八十代の選手もいます。「生涯現役」を目指すこの大会を全国に広めようと、昨年（二〇一七年）は第一回全国大会を開催しました。笑いあり、涙ありの充実した大会だと自負《じふ》しています。

青少年へ向けた事業も実施しています。

一九二七年に中学生を対象として始めた全県少年野球大会は、昨年（二〇一七年）で八三回目を迎えました。

「魁星旗《かいせいき》争奪剣道大会」は高校生剣道の四大全国大会として知られ、全国から毎年三〇〇〇人を超える剣士が集まってきます。昨年（二〇一七年）からは「魁星旗争奪少年フットサル大会」も始めました。

さらに毎年正月には「秋田県新春書初《かきぞ》め席書《せきがき》大会」を開いています。幼稚園児から高齢者、外国人留学生にいたるまで、幅広い層が参加しています。この大会は書《しょ》を書くだけではなく、弓道や剣道の演武《えんぶ》、生け花やお茶の実演など、広く日本文化に親しむ場になっています。

こうした大会やイベントでは、さまざまな人間ドラマが生まれます。大会の当日だけではなく、大会を目指す過程の中で、出場者を家族が支え、応援する。地域の方々も励ましを送る。そうした温《あたた》かな触れ合いが、人の絆を強めていくのではないでしょうか。

昨年（二〇一七年）四月、秋田県の人口は一〇〇万人を割って、九九万人台になりました。あと十数年で高齢化率（六十五歳以上の割合）は四割に達するといわれます。

しかし、それを嘆《なげ》くのではなく、秋田県は高齢社会の先進地として、より良い社会モデルを築く使命があると捉《とら》えるべきだと考えます。元気な高齢者が、地域で子や孫の世代を励ましていく。そして若い人たちも高齢者を支え守っていく。すべての世代が温かな人間関係に包まれた真の幸福社会を発信する力が、秋田をはじめ、東北にある。そう確信します。

地域、国境を超えて世界を結ぶ模範

こうした東北の素晴らしさを一貫してたたえられているのが、池田名誉会長です。

名誉会長が「秋田魁新報」へ最初に寄稿してくださったのは、二〇一〇年十一月でした。

その中で「秋田」に「安心と喜び多き宝土」という意義を込めて「安喜多《あきた》」という愛称を贈られたことをつづられています。

この寄稿では、昭和五十七年（一九八二年）一月の「雪の秋田指導」についても触れられています。

銀世界となった秋田空港に降り立ち、会館への移動中、沿道《えんどう》で待っていた会員を見掛けると車から降りて、その輪《わ》の中へ。厳しい環境の中で生活する皆さんとの絆を強められました。滞在された六日間で九〇〇〇人以上の方々と会い、激励されたと伺いました。

このように地方の会員との絆を強める一方で、世界を友情で結んでこられました。印象的なのが日中友好へのご尽力です。両国の国交がまだ結ばれていない中、名誉会長は国交正常化を提言され、それが種となって日中友好が現実に実を結びました。その後も、周恩来総理をはじめ、歴代の国家指導者との友誼《ゆうぎ》を大切にしてこられました。

昭和57年1月、雪が降りしきる秋田を訪問し、移動中、沿道で待っていた学会員に、車から降りて励ましを送る池田名誉会長　©Seikyo Shimbun

地域を超え、国境を超えて、多くの人々と絆を結ばれる名誉会長の姿は、豊かな社会を築く上で模範《もはん》となるのではないでしょうか。

一人ひとりを大切にする名誉会長の「人間主義」の理念

を反映した企画展を、学会の皆さんは随時開催されています。

当社のホールでも「二十一世紀 希望の人権展」（二〇一四年十月）と「わたしと地球の環境展」（二〇一五年十月）が行われました。

女性や子どもの人権を守り、貧困と差別の解消を提唱する「人権展」も、世界の重要課題である地球環境問題に焦点を当てた「環境展」も示唆《しさ》に富《と》む有意義な展示でした。

今後も、学会の皆さんの社会貢献の活動に期待しています。

私たちも秋田県が心豊かに、安心と喜びに満ちた「安喜多」になれるよう、県民と共に希望あふれる未来を創《つく》っていきたいと思います。

郷土の宝を磨けば可能性は大きく広がる

〈２０１８年８月号掲載〉

塩越《しおこし》 隆雄《たかお》

（東奥日報社代表取締役社長）

※当時

１９４５年生まれ。青森県出身。日本大学卒業後、株式会社東奥日報社に入社。整理部長、報道本部長、編集局長などを経て、２００５年１１月、代表取締役社長に就任。現在は、代表取締役・主筆。

豊かな自然を生かした魅力

「ローカルを重視せよ、われらの新聞が地方紙であることを忘れるな」

これは、青森市に本社を置く東奥日報社《とうおうにっぽうしゃ》の編集綱領《へんしゅうこうりょう》の一節です。私自身、入社当時から、この〝東奥精神〟を貫《つらぬ》いてきました。

「青森県は人口減少率が高く人口が減っている」「大規模な産業がない」と、悲観する人がいます。しかし、私は悲観しません。

もちろん、そうした危機感を持ちつつ、打開策を探《さぐ》ることは大切です。しかし、もっと大切なことがある。

私は青年たちに「ないものねだりをするのではなく、あるものを磨《みが》くのだ」と、よく言っています。

青森には本来、豊かな自然を生かした魅力《みりょく》がたくさんあります。大都市圏と同じような発展を目指す必要はありません。

リンゴは世界に誇るブランドであり、ニンニクやナガイモ、ゴボウも日本一の収穫量で、味もいい。海からは豊富な水産物がとれます。

近年では、自然の恵《めぐ》みと粘《ねば》り強い県民の努力により、青森県産米「青天《せいてん》の霹靂《へきれき》」が生まれました。これは二〇一五年から三年連続で最高評価の「特A」（日本穀物検定協会の食味ランキング）に輝いています。

東日本大震災後、落ち込んだ観光の分野でも、インバウンド（訪日外国人観光客）をはじめ、青森県は大きな可能性を秘めています。

今、私が注目しているのは十和田湖《とわだこ》です。二〇万年前に始まった火山活動により形成され、長い時間をかけて育《はぐく》まれた景観《けいかん》は、言葉にできないほどの感動をもたらします。

「十和田湖ウオーク 2019」で一斉にスタートを切る参加者たち（東奥日報社提供）

青森が誇《ほこ》るこの観光地の再生のために、当社は十和田湖国立公園協会や商工団体、行政、地域住民などと協力して「十和田湖ウオーク実行委員会」を発足。今夏（二〇一八年）、「十和田湖ウオーク2018」を開催します。

このウオークは昨年（二〇一七年）まで民間団体により行われてきましたが、新たな体制となり、湖畔約五〇キロを一周するコースのほかに、遊覧船《ゆうらんせん》での移動を含めて一二キロの行程を楽しむコースを設定。より多くの方に訪れていただけるよう、努力していきたいと思います。これに付随《ふずい》して「十和田湖マラソン」、「十和田湖湖水まつり」も開催されます。湖《みずうみ》から注《そそ》ぐ奥《お》入瀬渓流《いらせけいりゆう》と併《あわ》せて、最高の美しさを満喫《まんきつ》できるこれらのイベントに社を挙《あ》げて力を入れています。

「地方」は「地宝」の輝き

池田先生は、二〇一三年の「東奥日報」への寄稿《きこう》で、こうつづってくださいました。

〈わが愛する郷土、そして、わが尊極《そんごく》の生命の中にある「宝」に光を当ててこそ、「地方」は「地宝」の輝きを放っていきます〉

深く共感しました。同じ精神で、当社は今春（二〇一八年）、「青森報道部」を設置しました。どこまでも現場に入り、地域に光を当てる部局です。

農水産物や観光資源、実直《じっちょく》な県民一人ひとりこそ、青森の根っこであり、宝です。たとえ人口が減ったとしても、その根っこを磨き抜けば、必ず新たな可能性が広がります。それが東北、青森の力になると信じます。

かねて、私は池田先生の高い見識に敬意《けいい》を抱いてきました。きっかけは、中国との交流でした。

当社は、青森市にある縄文時代の大規模集落跡「三内丸山遺跡《さんないまるやまいせき》」を通じて、中国との交流を深めるようになりました。

一九九四年七月十六日、「東奥日報」は全国のメディアに先駆けて特ダネをスクープしました。三内丸山遺跡で、巨大な六本柱が出土したというニュースです。

それまで縄文人は、定住せず狩猟採集《しゅりょうさいしゅう》して暮らしていたと考えられていました。六本柱は、従来の考えを覆《くつがえ》し、彼らが一カ所に定住していた証拠となる大発見でした。当時、私は整理部長を務めており、夕方に編集部員から一報を受け、紙面の全面差し替えを指示したことをよく覚えています。

このニュースが縁で、中国との交流が始まったのです。三内丸山遺跡と中国の内モンゴル自治区にある遺跡が似ていることが分かり、九九年から中国社会科学院考古研究所と遺跡の共同研究を開始。二〇〇一~〇三年には、内モンゴル自治区にある興隆溝《こうりゆうこう》遺跡で日中共同の発掘調査も実施しました。こうした経緯で、私は六〇回以上、中国へ足を運んできました。

その中で、ある年の訪中の際、仏教美術の一大宝庫として知られる、敦煌《とんこう》の莫高窟《ばっこうくつ》を訪れました。正面の入り口に立ち、驚きました。池田先生を永久顕彰する肖像画が掲げられていたのです。その後も、中国の各地で先生の足跡を目の当たりにしました。

周恩来《しゅうおんらい》総理から四世代にわたる国家指導者との友誼《ゆうぎ》。継続的な青年交流。スケールの大きさと数十年先を見据《みす》えた長期的な視野に、ただただ感服しました。

断固たる勇気と卓越した世界観

その後、一九六八年九月の池田先生による「日中国交正常化提言」

を知りました。戦後二三年、国交が断絶《だんぜつ》し、反共勢力も強かった当時の大宣言。断固たる勇気がなければできません。同時に、卓越《たくえつ》した世界観、歴史観に裏打ちされた大英断です。

その四年後に日中国交正常化が実現した事実から見て、今日の日中友好の原点は一九六八年の先生の提言にある、私はそう思います。

〈過去への探求は、未来へのビジョンを大きく開く〉

これも先生の寄稿の一節です。日本文化の礎《いしずえ》は中国にあります。現代の政治的な対立も、長い時間軸から見れば、ほんの一部にすぎません。私は、日本海は〝分断《ぶんだん》の海〟ではなく、〝交流の海〟だという信念で中国との文化交流を重ねてきました。

昨春（二〇一七年）、さまざまな方の努力が実り、青森空港に中国との国際定期便が就航しました。今、多くの中国人が来県しています。

歴史を大切にし、尊重し合えば、必ず互いに発展していくことができます。

そして、来県した中国の方々に、十和田湖や三内丸山遺跡が大人気です。これは、郷土の宝を磨けば、可能性が大きく広がっていく証左ともいえます。

東奥日報社は、本年（二〇一八年）十二月に創刊一三〇周年を迎えます。これからも「ローカルを重視せよ」との精神のままに、「地方」を「地宝」と輝かせるため、県民の皆さまと共に前進していきます。

一人の変革からすべてが始まる

〈2019年4月号掲載〉

東根《あずまね》 千万億《ちまお》

（岩手日報社代表取締役社長）

1952年生まれ。岩手県出身。早稲田大学卒業後、株式会社岩手日報社に入社。報道部長、事業局長、編集局長などを経て、2014年6月、代表取締役社長に就任。著書に『SOSツキノワグマ』など。

使命と感謝が人を成長させる

二〇一一年の東日本大震災の時、私は編集局長でした。惨状《さんじょう》に心を震《ふる》わせながら報道に当たり、会議では編集幹部たちに、こう説きました。

「一〇〇〇年に一度の災害なら次に起こるのは三十一世紀。三十一世紀に記録を残す気概《きがい》でやろう」

この思いは今も全く変わりません。

震災直後から記者たちは避難所を回り、延《の》べ五万人の避難者名簿を掲載《けいさい》。その後も被災地の方々の姿を報道し続けました。

犠牲者を追悼《ついとう》する企画も立ち上げました。遺族《いぞく》から生前《せいぜん》の顔写真をお借りし、紹介文を添えて掲載。その方が生きた証《あか》しを記録することで尊厳を守ろうと考えたのです。

さらに私の後任の編集局長のもとで、後世への教訓のための企画「犠牲者の行動記録」も連載しました。犠牲になった方々が、地震発生から津波襲来までどう行動したかを、遺族に取材して再現したのです。インターネットとも連動させ、一人ひとりの避難の軌跡《きせき》を線で表現して動画として見られるようにしました。

こうした一連の報道は一一年と一六年に新聞協会賞を受賞しました。取材にご協力いただいた遺族、県民の皆さまにあらためて心から感謝《かんしゃ》申し上げます。

取材に取り組んだ記者たちは悲しみや葛藤《かっとう》を抱えながら、地方紙記者としての崇高《すうこう》な使命を確信したと思います。

記者だけではありません。震災当時、小学六年生だった子どもたちは今年（二〇一九年）、成人式を迎えました。震災を経験した青年や子どもたちは立派に育っています。彼らは〝苦しんでいる人や地域のために何かをしたい〟という使命感が強く、地域や国を超えて励ましを送ってくれた人々への感謝の心を持っています。

岩手の青年たちを見ると、使命感と報恩《ほうおん》感謝の決意が人を急速に成長させると実感します。そしてその思いこそが岩手、東北の大きな力だといえるのではないでしょうか。

「想像力」が「創造力」を培う

私は生きていく上で「想像力」と「創造力」が大事だと考えます。人の痛みを知り、人の有《あ》り難《がた》みを知ると、人を思う想像力が深まります。それが価値を生む創造力を培《つちか》う糧《かて》になると思います。その意味では、「価値創造」という言葉に名称の由来《ゆらい》がある創価学会の哲学に、共感を覚えます。

価値を創《つく》り、より良い社会を築くために人はどう行動すべきか。ある日の聖教新聞一面に「『世界』の変革は『一人』から」とありました。

その言葉と同じ思いを抱《いだ》きながら、私たちも進んできたので強く共鳴《きょうめい》しました。岩手日報社は震災後、全国からの多大な支援への感謝の思いを込めて特別号外を随時発行し、これまで各地で一五回配布しています。

編集部門だけではなく、多くの社員が街頭に立って一部ずつ手渡しするのです。「友達にも渡したいので、あと五部余計にください」と手を伸ばしてくれる人もいて、涙が出る思いでした。日本の人口から見れば、号外を手ずから配ることは大海《たいかい》の一滴《いってき》かもしれませんが、大きな意味があると信じています。

また、私は仕事の合間を見て、郷土の文化を残すために、民謡《みんよう》「南部牛方節《なんぶうしかたぶし》」の伝承《でんしょう》に取り組んでいます。岩手で数百年間唄《うた》い継がれながら、近年ほとんど唄われなくなった歌です。私一人でも唄い継いで後世にリレーします。先の聖教新聞の言葉を目にした時は力を得る思いがしました。

一人の変革から――その生き方、哲学の模範《もはん》として池田名誉会長に学ぶところ大です。その励ましは時代を超えて、世界中に広がっています。

かつて、名誉会長が東北に寄せられた長編詩「みちのくの幸《さち》の光《こう》

3月11日、東京・有楽町駅前で、特別号外を自ら配る東根社長
（2018年、岩手日報社提供）

彩《さい》」に私は感銘《かんめい》しました。そこには、こうつづられています。

〈幾千万《いくせんまん》の無告《むこく》の民の／慟哭《どうこく》の声を飲みこんできた／虐《しいた》げられし東北の民衆史／なればこそ／民衆の時代という輝《かがや》かしい世紀への／未聞《みもん》の架橋《かきょう》作業にあって／みちのくの君たち　あなたたちこそ／主役でなければならない／王座《おうざ》に遇《ぐう》されて当然なのだ〉

岩手、東北は古来、天災と人

災による度重《たびかさ》なる苦しみを乗り越えてきました。支配をもくろむ野望《やぼう》の徒《と》に踏みにじられ、苛政《かせい》の重圧《じゅうあつ》にも耐《た》えてきました。

約一二〇〇年前の平安初期には、朝廷軍が岩手の胆沢《いさわ》地域（現在の奥州市）を襲来《しゅうらい》。応戦した現地の英雄・アテルイは捕虜《ほりょ》となり、京の都《みやこ》で処刑《しょけい》されました。

その後、仏教文化を根底《こんてい》にした奥州藤原氏により、平泉《ひらいずみ》の地に約一〇〇年間にわたる平和な時代が続きましたが、それも鎌倉幕府によって滅《ほろ》ぼされました。

中世から江戸時代にかけては、重く課《か》せられた年貢《ねんぐ》に苦しみ、近現代の戦争では岩手県の若い人材が多数、激戦地へ送られました。そして戦後には「金の卵」と呼ばれた少年少女たちが首都圏などへ集団就職しなければなりませんでした。資源も人材も奪われてきた大地が、岩手、東北です。

それでも東北の人々はこうした困難を粘《ねば》り強く乗り越えました。名誉会長は東北に脈打つその不撓不屈《ふとうふくつ》の精神を信じ抜いてこられました。

だからこそ、昭和二十九年（一九五四年）に戸田第二代会長が仙台の青葉城址で示された「学会は人材をもって城となす」との言葉を実現する模範の大地は、東北だと決められたのではないでしょうか。

東北の歴史や悲しみを深く理解し、東北人の人間性をたたえ、励ましを送り続けてこられた名誉会長は、長編詩にこうも記されています。

〈いま世界の人々が／東北を見つめている／東北にあこがれている／東北には／真の「平和」がある／真の「人間」がいる／真の厚き「友情」があると／東北の発展を／世界の人々が祈っている〉

今、震災から立ち上がる東北を世界が注視しています。まさに長編詩につづられた通りの時代になりました。

二〇一六年七月、岩手日報社は創刊一四〇年を迎えました。その時に記念標語を公募し、「この地で生きる　こころをつなぐ　岩手日報」を選定しました。

この地で生きる誇りと情熱を胸に、これからも一層、岩手、東北の発展に力を尽くしていく決意です。そして、次世代、少年少女たちが希望を持てる社会を築くため、「一人の変革から全てが始まる」との信念を胸に、私たちも県民の皆さまと共に前へ進んでまいります。

新たな時代を開いた東北の民衆の力

〈2019年5月号掲載〉

寒河江《さがえ》 浩二《ひろじ》

（山形新聞社代表取締役社長）

1947年生まれ。山形県出身。山形大学卒業後、株式会社山形新聞社に入社。東京支社編集部長、報道部長、庄内総支社長、編集局長などを経て、2012年6月、代表取締役社長に就任。

時代を開いた東北の民衆の力

歴史を通じて、東北地方は中央政府による征服《せいふく》の対象になってきました。東北人は時《とき》に命懸《いのちが》けで抗戦《こうせん》してきました。典型的な出来事が山形にあります。

江戸末期《えどまっき》・天保《てんぽう》の改革期に起きた「三方国替《さんぽうくにが》え」事件です。それまでも幕府は統制《とうせい》の一環《いっかん》として国替えを命じることがありました。

この時は、庄内藩《しょうないはん》（現在の山形県鶴岡市や酒田市の地域）、長岡《ながおか》藩、川越《かわごえ》藩の藩主を入れ替える命令が下《くだ》されました。その命令に対して庄内藩の領民が猛反発したのです。

同藩の藩主・酒井忠器《さかいただかた》は善政《ぜんせい》を敷《し》いていました。同藩は年貢《ねんぐ》の量を決める検地《けんち》（田畑の調査）を一度しか行わず、その後に農民が開拓した田は、課税の対象にしませんでした。他にも殖産興業《しょくさんこうぎょう》や農政改革によって、領民が豊かに暮らせるように配慮していたのです。

領民はその殿様が、石高《こくだか》の低い長岡藩へ転封《てんぽう》させられると知り、不安と怒りを募《つの》らせます。江戸まで出掛けて猛烈《もうれつ》に抗議。その結果、「三方国替え」は取りやめになりました。幕府が下した命令が撤回されるのは前代未聞でした。この事件から二十数年後に徳川幕府は崩壊します。東北の民衆の力が、新しい時代を開くきっかけをつくったといえるのではないでしょうか。

東北、山形には美しい風土があり、多くの文化人もたたえています。

江戸時代に「おくのほそ道」を著《あらわ》した松尾芭蕉《ばしょう》は、現在の福島県から宮城、岩手と北上し、奥羽山脈《おううさんみゃく》を越えて山形の尾花沢《おばなざわ》へ。その後、最上川《もがみがわ》を下って出羽三山《でわさんざん》に登りました。訪れた先で多くの名句が生まれています。私は芭蕉の俳風である「蕉風《しょうふう》」の確立は東北、特に出羽三山で揺るぎないものになったと考えます。

明治初期には、山形を訪れた英国の作家イザベラ・バードが、その農村風景に感嘆し、〝アジアのアルカディア（理想郷）〟と評しました。「詩は東北、批評は関西」と言った人がいるそうですが、日本の原風景が身近に残る東北の大地には、詩心を湧《わ》き立たせる趣《おもむき》があります。

詩心は、命を大切にする心に通じます。先の庄内藩の出来事も、藩主と領民が命を守る行動を貫《つらぬ》いた歴史とみることができると思います。

また、米どころであり、果樹《かじゅ》王国でもある山形の農業は、先人たちの不屈の努力によって築かれました。厳しい環境の中で自然と共生し、命を守り育《はぐく》む心が東北人の底流に厳然と流れています。それこそが世界に誇る東北の力だと確信します。

私の好きな五言律詩《ごごんりつし》に「耐雪梅花麗／経霜楓葉丹」という言葉が入った漢詩があります。これは庄内藩とゆかりのある西郷南洲《さいごうなんしゅう》（隆盛《たかもり》）が甥《おい》に贈った五言律詩の一節です。

余談になりますが、徳川幕府による大政奉還《たいせいほうかん》の後、新政府を樹立した薩摩藩、長州藩らと旧幕府勢力、奥羽越列藩同盟《おううえつれつぱん》の間で戊辰《ぼしん》戦争が起こりました。庄内藩は新政府軍と激しく対立し、敗《やぶ》れましたが、西郷から寛大《かんだい》な措置《そち》を受けました。それをきっかけに、西郷の人柄に引かれた庄内藩の重臣《じゅうしん》・菅実秀《すげさねひで》と西郷との深い交流（徳の交わり）が始まります。交流を通じて語られた西郷の言葉は、庄内の人々により、のちに『南洲翁遺訓《なんしゅうおういくん》』として一冊に編《あ》まれました。

前述の五言律詩には『南洲翁遺訓』の精神が色濃く反映されています。

〈耐雪梅花麗（雪に耐えて梅花麗《ばいかうるわ》しく）
経霜楓葉丹（霜《しも》を経て楓葉丹《ふうようあか》し）〉
〈如能識天意（如《も》し能《よ》く天意《てんい》を識《し》らば）
豈敢自謀安（豈敢《あにあ》えて自ら安きを謀《はか》らむや）〉

思想家の内村鑑三《うちむらかんぞう》はこの漢詩に感銘し、意訳《いやく》を添えています。〈雪をへて梅は白く／霜をへて楓は紅《あか》い／もし天意を知るならば／だれが安逸《あんいつ》を望もうか〉と。

池田先生も、長編詩の中でこの漢詩を引用されています。それは「みちのくの幸《さち》の光彩《こうさい》」です。そこにはこう記されています。

〈万人《ばんにん》を魅了《みりょう》し包みゆく　明るさ
それは　一朝《いっちょう》にして成るものではない
古人は言った

「雪に耐え　梅花潔《いさぎよ》く
霜を経て　楓葉丹し」と

真実の明るさは
厳しさに裏打ちされている
正しさを内包《ないほう》している〉

西郷が「雪に耐えて梅花麗しく」とし、内村が「雪をへて梅は白く」と記したのに対して、池田先生は「雪に耐え　梅花潔く」とつづられています。この「潔く」との言葉に私の目は釘付《くぎづ》けになりました。ここに先生の思想があらわれているのではないでしょうか。

この漢詩は、苦労するほど偉大な業績を残せるという人生観を伝えているものですが、「潔く」の言葉からは、さらに、毅然《きぜん》とした姿勢、すがすがしい心、勇敢な様や凛々《りり》しさなどが連想されます。美しさだけではなく、東北の歴史を踏まえ、東北の人間性の本質を見事に捉《とら》えた言葉だと思います。先生のまなざしの深さに大きな感動を覚えます。

東北から人材育成の新モデルを

今年（二〇一九年）、創刊一四三周年を迎える山形新聞社は郷土の素晴らしさを発信し続けてきました。近年も地方創生《ちほうそうせい》のために、さまざまな提案や事業を行っています。

地方創生の要《かなめ》の一つは「人材育成」だと思います。私たちは、子どもたちに地域の魅力を知ってもらおうと、小中学校の教室に新聞を届ける「一学級一新聞」の取り組みをしています。二〇一八年度は県内三五市町村のうち、三四市町村で実施されました（二〇二〇年度から全市

銀世界が広がる冬の庄内平野
©HIROYUKI YAMAGUCHI/SEBUN PHOTO /amanaimages

町村で実施)。

池田先生は山形新聞への寄稿の中で〈郷土を心から愛せる精神こそ、人間性を守る防波堤なり〉とつづられました。こうした心を持った人材育成に努力していきたいと思います。

さらに、先生は社会貢献の人材の育成に範《はん》を示されてきました。その淵源《えんげん》は六五年前の昭和二十九年(一九五四年)にさかのぼります。

四月二十五日、池田先生は師

匠・戸田第二代会長と仙台の青葉《あおば》城址《じょうし》へ。そこで戸田会長から示された「学会は人材をもって城となす」との言葉を永遠の指針とし、全国、世界に人材の城を築かれました。とりわけ東北の人間性、東北の風土を一貫してたたえ、期待を寄せられています。

科学技術が進歩するほど、人間性の重要度は増していきます。命を大切にする心、困難に負けない不屈の心が輝く東北には、人材育成の新たなモデルを発信していく使命があると信じます。私たちも県民の皆さまと共に心豊かな地域づくりに尽力し、希望の未来を開く人材を育てていきたいと思います。

第2章　アカデミズムから読み解く東北

人類の希望を紡《つむ》ぎゆく東北の力

〈2018年3月号掲載〉

平川《ひらかわ》 新《あらた》

(宮城学院女子大学学長)

※当時

1950年生まれ。福岡県出身。東北大学大学院文学研究科修士課程修了。同大東北アジア研究センターの教授・センター長を歴任。同大災害科学国際研究所の初代所長を経て、2014年、宮城学院女子大学学長に就任(2020年に退任)。東北大学名誉教授。

苦闘の歴史は誇り高い努力の軌跡

私の専門は江戸時代史《えどじだいし》と歴史資料保存学《れきししりょうほぞんがく》です。歴史の研究では古文書《こもんじょ》をどう「解釈《かいしゃく》」するかが重要になります。解釈の仕方によって歴史の真実は全く異なって見えるからです。

古くから東北地方は地震や津波の災害が多く、凶作《きょうさく》・飢饉《ききん》にも随分《ずいぶん》悩《なや》まされました。従来の解釈では、東北の悲惨《ひさん》さや貧困ばかりが強調されてきました。

しかし、苦しんだことを知るだけでは元気が出ない。別の解釈ができるはずだと、私は苦境《くきょう》から立ち上がる東北の復興の力に光を当てました。

例えば米作りです。東北で稲作が始まったのは西日本より五〇〇年遅い。寒冷《かんれい》な気候もあって、かつての東北は米作りの後進《こうしん》地域という認識で語られてきました。しかし、古代や江戸時代の単位面積当たりの収量を見ると、実は西日本とたいして変わらない。当時の環境と収量を人間に焦点《しょうてん》を当てて解釈すると、東北人の輪郭《りんかく》が浮かんできます。

後発で稲作に適さない土地にもかかわらず、なぜ西日本に負けなかったのか。それは東北人が頑張ったからです。長い歳月《さいげつ》をかけて冷害《れいがい》に強い品種を選び、耕作方法も工夫《くふう》した。ここに東北人の不屈《ふくつ》の精神を見ることができる。

江戸時代の一六一一年には慶長奥州《けいちょうおうしゅう》地震と大津波があり、仙台藩は甚大《じんだい》な被害を受けました。にもかかわらず、一〇〇年後の一七〇〇年代には、江戸に流通した米の三分の一を仙台米が占《し》めました。これも先人の努力の結果です。

東北の米作りを、江戸への従属と解釈することもありますが、私はそうは思いません。仙台米がなければ江戸住民の生活は成り立たなかった。当時の農民たちには「仙台藩こそが江戸を支えているのだ」との気概《きがい》があったはずです。

解釈を変えると苦闘の歴史は、誇《ほこ》り高い歴史に変わり、未来に生きる人への希望になっていくのです。

時代が変わっても、その方程式は変わりません。

東日本大震災は言うまでもなく未曾有《みぞう》の災害です。だからこそ、震災から立ち上がる人々の復興の軌跡《きせき》が未来の希望になることは間違いありません。

昨年（二〇一七年）三月、池田先生は東北の皆さんに次のようなメッセージを送られました。

〈東北創価の不撓不屈《ふとうふくつ》の前進と団結は、人類に希望を贈り続ける「未来までの物語」であります〉

私は強く共鳴《きょうめい》しました。東北に生きる私たちの今の一日一日は、かけがえのない歴史です。後世の人々が刮目《かつもく》する永遠に輝く歴史になる。その意味では、東北の力とは人類の希望を紡《つむ》ぎゆく力といえるのではないでしょうか。

創価学会に脈打つ生命尊厳の精神

震災から一年後の二〇一二年四月、東北大学に災害科学国際研究所が設立され、私は初代所長に就任しました。

防災・復興事業に取り組む中、創価学会の幅広い活動に驚きました。

震災直後から学会のネットワークはフル回転し、心のケアだけではなく、物理的な救援活動に貢献《こうけん》されました。これだけ迅速《じんそく》に大きな動きをした民間団体は他にありません。社会的にも高く評価されています。

こうした活動を可能にしたのは、会員一人ひとりに脈打《みやくう》つ生命尊厳《せいめいそんげん》の精神と、社会貢献への高い意識、使命感です。それは池田先生が自らの行動で示されてきた精神です。

三十二歳で学会の会長に就任《しゆうにん》されて以来、数《かぞ》え切れないほどの会員と直接会い、命を削《けず》る執筆《しつぴつ》活動も続けてこられた。そのすべてが「励まし」のためです。先生がつづられた小説『人間革命』『新・人間革命』には、力強い言葉があふれています。空虚《くうきよ》さは一切ありません。それは、観念《かんねん》ではなく、行動を重ねてこられたからだと思います。その実践の姿に学ぶからこそ、会員に精神が脈動《みやくどう》するのでしょう。

先生は皆に希望や勇気を送るだけではなく、使命に生きることを教え、使命感を持った人材の育成に全力を注《そそ》がれてきました。

創価学会がこれほど大きく発展した一つの要因は、その使命感にあると思います。一人ひとりが信仰への確信をもち、熱心に布教《ふきょう》に歩く。この使命感があればこそ、数十年にして数百万世帯に広がった。

キリスト教は、信徒ではなく、宣教師《せんきょうし》が命懸《が》けで世界に布教しましたが、学会は会員一人ひとりがキリスト教でいう「宣教師」ともいえるのではないでしょうか。だから強い。ここに他宗との違いがあると思います。

使命感は、宗教だけではなく、人生を左右する大切な心です。学業の世界でも「何のために学ぶのか」が明確な学生は真面目に勉強します。その模範《もはん》ともいえる大学が、創価大学だと思います。

創価大学は創立者の理念と、学生の学ぶ目的が一致している。これほど一致している大学はありません。それは創立者の池田先生ご自身が、平和な社会を築《きず》くという使命に生き抜かれているからです。創立者の人格、姿をモデルにできるからこそ、学生が創立者と同じ方向を向けるのだと思います。

人材の模範は東北の大地に

池田先生の人材観は、昭和二十九年（一九五四年）四月二十五日の戸田第二代会長と池田先生の師弟の語らいに象徴《しょうちょう》されます。その日、お二人は仙台の青葉城址《あおばじょうし》を訪れ、戸田会長が「学会は人材をもって城となす」と語られました。池田先生は「人材の城」の理念を実現された。

仙台・青葉城址の石垣　© アフロ

この語らいが東北の地でなされたのは偶然ではないと思います。戸田会長はご自身のお名前を「城聖」とされるほど「城」に特別な思いをもたれていました。その城とは建物ではなく、一人ひとりの人間です。そして「人材の城」の範を示せる大地は、歴史に鑑《かんが》みて東北だと考えられたのでしょう。

池田先生も長編詩「みちのくの幸《さち》の光彩《こうさい》」につづられたように、東北の人間性を愛し、期待されています。

これからは軍事や経済の競争ではなく、人間性を競う社会にしなければなりません。それは他者を思う心であり、苦境に負けない精神です。

大震災を経験した東北こそ人間の最も尊《とうと》い力を世界に、後世に発信していく使命があります。私も教育者として、希望を紡《つむ》ぎ、幸福を開く「人材の城」を共に築いていきたいと思います。

対話の底流にある人間への限りない信頼

〈2018年5月号掲載〉

開沼《かいぬま》 博《ひろし》

（社会学者、立命館大学准教授）

1984年生まれ。東京大学卒業。同大学院学際情報学府博士課程満期退学。福島原発事故独立検証委員会（民間事故調）ワーキンググループメンバー、復興庁東日本大震災生活復興プロジェクト委員などを歴任。東日本国際大学客員教授、福島大学客員研究員。著書に『はじめての福島学』『福島第一原発廃炉図鑑』（編著）など。

本質を浮かび上がらせる「数字」と「言葉」

私は福島県いわき市で生まれ育ち、二〇〇六年から「福島になぜ原発ができたのか」という研究を進めてきました。それを震災の年の一月にまとめ、次の研究テーマを考えていた時に東日本大震災、原発事故が起こりました。

福島や福島第一原発は突然、世界から注目され、さまざまな情報が飛《と》び交《か》いました。その中で、ファクト（事実）よりオピニオン（意見）が先立つ傾向が散見《さんけん》されました。オピニオンありきで、それに合うファクトを意図的《いとてき》に収集《しゅうしゅう》すると、言葉は暴走します。これは福島の問題以外でも、世界各地の問題で同様に起こっていることでもあります。そうならないよう、福島に関するあらゆるファクトを集めて整理し、皆で共有したうえで議論するための前提《ぜんてい》づくりをしてきたつもりです。私は社会学者として数値データとフィールドワーク（現場で行う調査・研究）の双方《そうほう》を大切にしながら研究を続けてきました。「数字」に基《もと》づいた思考をベースとし、現地の方々の「言葉」を丁寧にすくい上げていく。結論を急がず、粘《ねば》り強く「数字」と「言葉」の往復作業をすることで物事の本質が見えてきます。こうして見えてきたことを、これまで著書やマスメディア、講演を通じて発信してきました。

これまでの七年間、時期によって扱う研究対象は変化してきました。最近は子どもたちと接する機会が増えてきました。

一七年夏には、福島県浜通りの高校生と一緒に、チェルノブイリ原発事故の被災地ベラルーシへ二週間出かけてきました。実際に被災地を訪れる旅行は、大人にとっても子どもにとっても何ものにも代えがたい学びの場となります。福島県ではすでに他地域の、主に高校生に向けた被災地ツアー「ホープツーリズム」を開始して、県外から多くの子どもたちが福島を訪れはじめています。

こうした取り組みの中、これからは「教育」や「記憶の伝承《でんしょう》」が重要になってくると感じています。

戦争を伝える「語り部《かたりべ》」は時間の経過とともに減ってきましたが、東日本大震災と原発事故の「語り部」は、戦争より早いペースで少なくなっていきます。震災の被災地は特に高齢化が進んでいた地域で、ご苦労され続けている方々の中にはお年寄りが多いからです。だからこそ彼らの思いを汲《く》みつつ、「語り部」に依存しない被災地教育のモデルを早急に構築しなければなりません。

その思いから、私は研究を体系化し、後世に伝えるために「福島《ふくしま》学《がく》」の構築に取り組んでいます。福島が抱えるさまざまな課題は、一つの学問分野で解決できる問題ではありません。理系の学問も文系の学問も領域を超えて融合《ゆうごう》させながら向き合う必要があります。あえて「福島学」という新たな学問分野の体系化を志《こころざ》す理由はそこにあります。現在までの内容の柱は「原発事故後の福島県の実像」「原発の廃炉問題」「風評被害《ふうひょうひがい》と福島差別」の三つです。

科学的アプローチのもとで実態を明らかにすることは当然重要ですが、その先にある〝人と人とのつながり〟はもっと大事です。「福島学」では、支え合う人間の力など、生きるうえで大切なものを浮き彫りにしていくことになると思います。

「3・11」は社会の在り方、人間の在り方が問われた出来事だともいえます。大震災を経験した東北・福島の姿を通して、被災地に直接関係しない人も含めて多くの人がより良い生き方を考える。そうした機会を提供することが、未来を創《つく》る力になるのではないでしょうか。

「中間集団」としての創価学会の役割

震災後、私が改めて注目しているのが国家・政治と個人の間にあるコミュニティー、すなわち「中間集団」の存在です。この上に、人は助け合い、支え合ってきた。現代社会では弱体化する傾向にありますが、これからも多くの人にとって必要なものです。

昨年（二〇一七年）、仙台市にある創価学会の「東北福光《ふっこう》みらい館」を見学し、学会は「中間集団」として重要な役割を果たしていると感

創価学会東北文化会館内の「東北福光みらい館」（仙台市）

じました。

同館には全国、世界から寄せられた励ましの言葉や被災地で復興に立ち上がった方々のドラマが展示されています。宮城県気仙沼市で被災した高齢のご婦人、福島県大熊町で活躍する青年ピアニストの奮闘の軌跡《きせき》をまとめた映像もありました。

こうしたドラマは心に残るし、残しておかなければいけない。人と人がつながり、友情と友情が連帯した歴史は、放《ほう》っておけば消えていってしまいます。社会には苦楽《くらく》を分かち合う励ましの連帯が必要です。そうした歴史をとどめ、後世に伝えていく「東北福光みらい館」の価値は、時間が経《た》てば経つほど、増していくでしょう。

そして、励ましの連帯を支えるリーダーの存在は貴重です。学会員の皆さまにとっての師匠である池田先生が「3・11」直後、誰もが言葉を失う中で発せられた「『心の財《たから》』だけは絶対に壊《こわ》されない」という励ましのメッセージは素晴らしいと思います。目に見えるものが奪《うば》い去られても、誰もが必ず心の中に財を持っている。それを思い出し、多くの人が前を向けたのではないでしょうか。

長編詩「みちのくの幸《さち》の光彩《こうさい》」では、

〈私は　世界を駆《か》けている／要人《ようじん》　識者《しきしゃ》とも対話を重《かさ》ねている／し

テムを構築《こうちく》するための学問が「実践的防災学」であり、その要《かなめ》は「人間」です。一人ひとりが「生きる力」を身に付けるために必要なものは、大きく二つあります。

一つは「ツール（道具）」です。災害研では「みちのく震録伝《しんろくでん》」という震災アーカイブを開発しました。約一二〇機関と協力し、写真や動画など一三万点に及《およ》ぶ資料を収集《しゅうしゅう》。誰もが閲覧《えつらん》できるようにウェブサイトで公開しています。

他にも、知識を深めるツールとして、避難時に必要なアイテムや津波のメカニズムなど減災のポイントをプリントした特製ハンカチ「減災ポケット『結《ゆい》』」などを製作。特製ハンカチを活用して、国内外一四〇を超える小学校で出前授業を重ねてきました。

ツールとともに必要なのは「教育プログラム」です。知識だけでは防災・減災は成り立ちません。判断力、気力、体力、コミュニケーション力が不可欠です。防災力ともいえるそうした力を付けるためのプログラムとして、私はスポーツ（科学）に注目しています。

先日、宮城県で各団体と協力し「防災運動会」を開催しました。多《た》彩《さい》なゲームや競技を用意し、体を動かしながら学び、防災・減災への理解を深めていく取り組みです。咄嗟《とっさ》の判断やチーム力の向上を目指します。祭りや石碑《せきひ》など古くから防災文化を伝えるものはありますが、現代社会では十分機能していないようです。時代に合った新しい防災

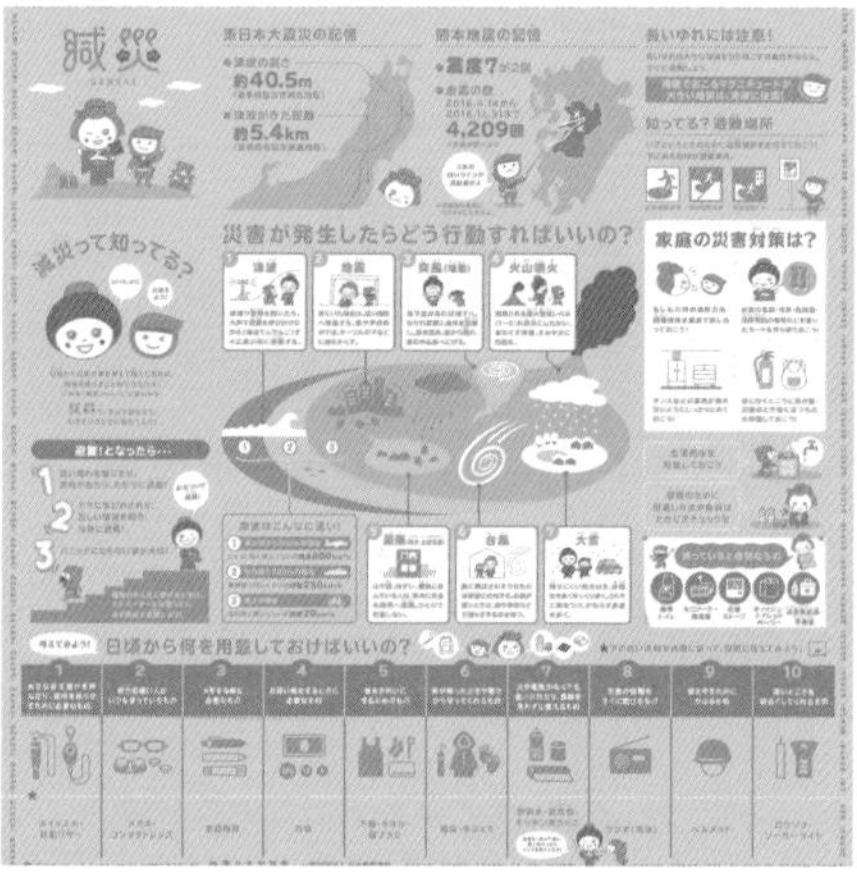

減災ポケット「結」
（東北大学災害科学国際研究所提供）

減災ポケット「結」を使った出前授業（宮城県美里町、同研究所提供）

文化をつくる必要があります。

自然の豊《ゆた》かさを享受《きょうじゅ》しながら、謙虚《けんきょ》に自然と共生《きょうせい》してきた知恵と生きる力が東北にはあります。自然災害から地域をどう守るか、一つの答えが防潮林《ぼうちょうりん》です。残念ながら、「一〇〇〇年に一度」といわれる「3・11」の大震災では津波の力が上回りましたが、防潮林のおかげで津波の被害を小さくできた地域もあります。

今までの研究によれば、地下水

位との関係で、低い地盤の防潮林は深いところまで根を張っていませんでした。だから津波により根の周りが洗掘《せんくつ》され破壊されてしまったのです。そこで震災後は、深く根を張れるように、木を植える前に盛《も》り土《ど》することを提案しました。震災によって得た知見《ちけん》を生かし、次の世代のために防潮林の整備を進めていきたいと思います。

自然災害の中でも、津波は「低頻度《ひんど》・大災害」の代表格です。世界を見ても、津波への備えが乏《とぼ》しい地域は、大きな被害を受けています。そこで、津波への認識を広げるために、二〇一五年十二月、国連総会で「十一月五日」が「世界津波の日」に制定されました。日本発の提案であり、私たちも関わりました。

この「十一月五日」(旧暦)は「稲むらの火」の逸話《いつわ》に由来《ゆらい》しています。江戸時代に和歌山県周辺で起きた大津波の時の話です。ある村の庄屋が、自分の稲の束《たば》に火を付けることで高台に人を引き寄せ、皆を救ったという献身《けんしん》の行動をたたえています。さらに被災した村の復興にも尽力したといいます。

未曾有《みぞう》の大災害を経験した私たちが世界に果たすべき責務は「発信」だと思います。

新たな防災文化、人を思いやる人間性の大切さを「ＢＯＳＡＩ」という世界語に託して、地球全体に広げていく。それができるのが「東北」なのだと思います。

人間の力を信じる心

先日、創価学会の「東北福光《ふっこう》みらい館」を訪問しました。震災当時の品々が良くまとめられていました。特に励まし合って立ち上がったエピソードは重要だと感じました。

震災時に自分たちがすべきことは何か、という「気づき」を訪れた人に与える素晴らしい展示だと思います。

池田先生が被災地の方々に送られたメッセージも拝見《はいけん》し、感銘《かんめい》しました。そこにはこうつづられていました。

〈「心の財《たから》」だけは絶対に壊されません。

いかなる苦難も、永遠に幸福になるための試練であります。すべてを断固と「変毒為薬《へんどくいやく》」できるのが、この仏法であり、信心であります〉

災害は家屋や仕事を壊すのみならず、未来や希望をも壊します。その中で自責《じせき》の念《ねん》を抱《いだ》く人もいます。

試練《しれん》の渦中《かちゅう》にいる方々にとって、いかなる災害に遭《あ》おうとも、人生で築いてきた心の財は絶対に消えないという確信は強く響いたと思います。

震災という不条理な出来事の直後、肉体的にも精神的にも厳しい状況下で真に必要となるのは、皆を正しく導く人生の羅針盤《らしんばん》です。

先生のメッセージは、まさに羅針盤です。その根底には、強さや優しさという、人間の力を信じる心があります。それは、復興の歩み、そして新しい防災文化の形成にとって最も大切な心です。

こうした羅針盤は、教育の分野でも非常に大きな役割を果たします。創価大学が良い例です。

二〇一四年、文部科学省の「スーパーグローバル大学創成支援」事業の対象校が選ばれました。東北大学は同事業の「トップ型」採択《さいたく》校ですが、創価大学も日本の大学の国際化をリードする「グローバル化けん引型」に選定されています。今年（二〇一八年）発表された中間評価で創価大学は最高レベルの「S」評価に認定されました。

創価大学の底流《ていりゅう》には、創立者・池田先生が示された建学の精神など、世界平和と人類の未来を開こうという崇高《すうこう》な理念があります。学生をはじめ、教職員もその理念を人生の羅針盤として受け止め、一丸《いちがん》となって努力しているからこそ、模範的な取り組みができているのではないでしょうか。

知識を身に付けるだけでなく、「何のために学ぶのか」という目的を持ち、人間性を深めていく。その姿勢に共感します。私たちも「人間」への深いまなざしを持ちながら、皆さまと共により良い社会を築いていきたいと思います。

厳しい環境から新たな文明は生まれる

〈2018年10月号掲載〉

吉村《よしむら》 作治《さくじ》

（エジプト考古学者、東日本国際大学学長）

1943年生まれ。東京都出身。エジプト考古学者。早稲田大学在学中にアジア初のエジプト調査隊を組織し、約半世紀にわたり発掘調査を継続している。2015年4月、東日本国際大学学長に就任。早稲田大学名誉教授。工学博士（早大）。

人間力の真髄に触れ共に復興の道へ

東日本国際大学は、福島第一原発から四二キロの位置にあります。私は大震災の翌二〇一二年、福島の復興の力になれればと、本学の客員教授になりました。

きっかけは震災後に訪問した被災地の方々との出会いでした。震災直後、私にできるのは思いを寄せることだけでした。夢中で被災地を訪れ、皆さんと語り合いました。

先が見えず、多くの人が悩んでいました。しかし葛藤《かっとう》と逡巡《しゅんじゅん》の中で〝それでも生きていこう〟と懸命《けんめい》に前を向く姿に胸が熱くなりました。私は確信しました。最も苦しんでいるこの東北から人類史に輝《かがや》く偉大な歴史が生まれるに違いない、と。

人類の文明は恵《めぐ》まれた環境から生じるのではなく、むしろ劣悪《れつあく》な環境に立ち向かう中で生まれました。

例えばエジプト文明です。人類最古の文明がエジプトの地に興《おこ》ったのは偶然ではありません。

乾燥化《かんそうか》という気候の厳しい変化に対し、古代エジプト人はナイル川を活用する技術を生み出し、農業などを発展させました。その苦闘の中で偉大な文明が生まれたのです。

こうした歴史を踏《ふ》まえた時、被災地の方々の姿に、道を開きゆく人間力の真髄《しんずい》を見る思いがしました。だからこそ、皆さんと共に復興の道を歩みたいと決意したのです。

その後、私の思いを強くし、勇気をくれた出来事がありました。福島県南相馬市で行われた、創価学会青年部による東北復興青年主張大会（二〇一五年）です。登壇した四人の青年は、たじろぐような厳しい現実に負けず、「震災があったからこそ」と力強く決意を語っていました。

こうした青年たちが必ず素晴らしい未来を築《きず》きます。最も厳しい苦難を勝ち越えた天地から、最も強い人材が躍《おど》り出る――その人材こそが、東北の力といえるのではないでしょうか。

ピラミッドは民衆の金字塔

たくましく生きる学会の青年たちに人生の指針を贈《おく》り、その苦闘を最大にたたえ、励まし続けてこられたのは、池田先生です。

かねて先生の人材育成の信念、人間観、歴史観に感銘《かんめい》していましたが、特にピラミッドについての考察《こうさつ》を知った時は感嘆《かんたん》しました。

先生が初めてエジプト・ギザの三大ピラミッドをご覧《らん》になられたのは一九六二年と伺いました。当時ピラミッドの建設は、王の強大な権力のもと奴隷《どれい》が強制労働を強《し》いられたという〝奴隷建造説〟が通説《つうせつ》でした。

しかし何千年も崩《くず》れることなく残っているクフ王の大ピラミッドの威容《いよう》を前に、先生は通説とは全く違う考察をされました。

〈権力者の強制で奴隷が、いやいや築いた物ならば、とうてい時の重みに耐え切れない。ピラミッドは、不滅の栄光城を残そうという民衆の挑戦であり、凱歌《がいか》であり、生と死を超えて脈動《みゃくどう》する「宇宙の法則」への讃歌《さんか》だったのではないだろうか〉と。

そしてクフ王の大ピラミッドは、人々の自発《じはつ》の意思《いし》による「民衆の金字塔《きんじとう》」だと結論されたのです。

五〇年余り、私はエジプト考古学を研究していますが、全く同感です。古代エジプト人の情熱や使命感にまで思いを馳《は》せられた先生の〝人間学〟に感動を覚えました。このように深く、温《あたた》かく人間を見つめていくとピラミッドは新たな輝きを放《はな》ちます。

先生は一九九二年にもエジプトを訪問されていると伺いました。その時にご一緒して、古《いにしえ》のロマンを語り合えれば、どんなに素晴らしかっただろうと思います。

古代エジプトでは、死は新しい生活の始まりと信じられていました。そして死後の生活は永遠に続くとされていました。そのために頑丈《がんじょう》な石の建物を建てたともいえます。ピラミッドは王の「永遠の魂」の住居であり、人々は尊敬する王の偉大さを永遠に残すのだという気概《きがい》と

エジプト・クフ王の大ピラミッド　© アフロ

誇《ほこ》りを持って、作業に当たったのではないでしょうか。

この「永遠性」に通じる考え方が学会にあります。それは「人材の城」という信念です。戸田第二代会長は「学会は人材をもって城となす」という指針を示されました。池田先生はその言葉を胸に、全国、全世界で人材を育て、今日まで一九二カ国・地域に創価学会の「人材城」を構築。師匠・戸田先生の指針を実現されました。この「人材の城」の構築は、時代を超えてそびえ立つピラミッドのように、未来に続く偉業です。

希望と情熱こそ道を開く原動力

また、池田先生は常に希望と情熱を持つことを教えられ、ご自身がその通り、生き抜いておられます。先生のお姿に勇気をいただきます。七十五歳の私も、今なおエジプト考古学への情熱を燃やしています。これまでも、その情熱で道を開いてきました。

考古学との出会いは小学四年、十歳の時でした。学校の図書館で『ツタンカーメン王のひみつ』を読んだのです。これはイギリスの考古学者ハワード・カーターの伝記です。小学校しか出ていないカーターがエジプトでの発掘調査に乗り出し、二十世紀最大ともいえる大発見を成し遂げたという内容でした。なんて夢のある話だろうと、わくわくしました。

エジプト考古学者の夢を抱いた私は、猛勉強して大学へ進学。友人たちとエジプト考古学のサークルをつくりました。当時、エジプトへ調査に行くには大学の承認と指導教員の同行が不可欠でした。私は総長に直談判《じかだんぱん》して了承《りょうしょう》を取り、指導教員も見つけました。資金づくりと交通手段の確保も進め、一九六六年、アジアで初となるエジプト調査隊を結成。ついにエジプトの地に立ったのです。

以来、半世紀にわたり、エジプトでの調査を続けてきました。二〇〇五年には青いミイラマスクをつけた未盗掘《みとうくつ》・完全ミイラ「セヌウ」の木棺を、〇七年には非常に珍しい「親子のミイラ」が埋葬《まいそう》されている未盗掘墓を発見。〇九年にもラムセス二世の孫王女の墳墓《ふんぼ》を新たに発見しました。

東日本国際大学に赴任《ふにん》後も、同大学にエジプト考古学研究所を創設。先月（二〇一八年七月）には他大学の研究室や民間企業などと連携し、最先端の探査機でピラミッドの内部を調査する「大ピラミッド探査プロジェクト」を立ち上げました。

ピラミッドを建設した王の墓を必ず探し出せると信じています。これからも大情熱を胸に世紀の発見を福島から世界へ発信し、復興の力になっていきたいと思います。

第3章

新文化揺籃《ようらん》の地・東北

東北には人の心を震わせる力がある

〈2017年10月号掲載〉

佐々木《ささき》 典夫《のりお》

（四季株式会社代表取締役会長）
※当時

１９４７年生まれ。秋田県出身。中央大学卒業後、四季株式会社に入社。営業スタッフとして劇団四季の興隆に尽力。代表取締役社長を経て、２０１１年、代表取締役会長に就任。２０年に退任し、現在は、同社特別顧問。舞台芸術センター代表理事。

メッセージに命を吹き込む

劇団四季は六〇〇人の俳優《はいゆう》を擁《よう》し、スタッフも加《くわ》えると一三〇〇人の陣容《じんよう》となる世界最大規模《きぼ》の演劇《えんげき》集団です。

年間三〇〇〇回以上の公演を行い、毎年三〇〇万人を超《こ》えるお客さまに上質な舞台《ぶたい》を届《とど》けています。

創立は一九五三年（昭和二十八年）七月十四日。「演劇界に革命を起こす」との志《こころざし》で「フランス革命」と同じ日に、浅利慶太《あさりけいた》先生（前代表）や日下武史《くさかたけし》さんら一〇人のメンバーによって立ち上げられました。

フランス語の「四季」には「春夏秋冬の季節《きせつ》」の意味以外に「八百屋《やおや》」という意味もあるそうです。

〝とびきり新鮮《しんせん》な舞台を社会に届けよう〟との熱い芝居に、秋田県から大学進学で上京した私は見事に魅《み》せられました（笑）。気が付けばスタッフとして携《たずさ》わるようになっていたのです。

私たちが演劇で最《もっと》も大事にしているのは、原作者のメッセージをきちんと伝えることです。

メッセージを強く深く伝えるのは簡単ではありません。平和を訴《うった》えたくても、単に「戦争はいけません」と言うだけでは心に響《ひび》かない。だから舞台では、例えば一人の女性の数奇《すうき》な運命を、音楽を織《お》り交《ま》ぜながら繊細《せんさい》に表現して戦争の悲惨《ひさん》さや平和の尊《とうと》さを感じていただく。お客さまの想像力を味方《みかた》にして「感動」を創《つく》り、その「感動」の中に平和へのメッセージを込めるのです。いわばメッセージに命を吹き込む挑戦です。俳優は命懸《が》けで舞台に臨《のぞ》んでいます。

四季は「東京だけでなく、全国に演劇の感動を届けよう」と全国公演にも全力で取り組んできました。草創期には浅利先生をはじめ俳優や営業スタッフが車に相乗《あいの》りし、ポスターやチケット、チラシをトランクに詰め込んで、自ら公演先を開拓しました。

政治も経済もあらゆるものが東京へ集中しがちですが、文化が都市部ばかりに偏《かたよ》るのは好《この》ましくありません。私たちは「文化の一極集中を是正《ぜせい》しよう」という理念のもとで、北は北海道の利尻《りしり》島や礼文《れぶん》島、南は沖縄県の石垣《いしがき》島まで全国各地を巡演してきました。

また、長年、未来を担《にな》う子どもたちに演劇の感動を届けるプロジェクトも実施してきました。始まりは、東京オリンピックが行われた一九六四年（昭和三十九年）です。日生劇場で、アンデルセンの童話をモチーフにしたミュージカル「はだかの王様」を上演し、小学六年生を無料招待しました。この作品は東北に縁がありなす。脚本を書いたのは青森県出身の詩人・寺山修司でした。

この作品でスタートした「ニッセイ名作劇場」は以後五〇年間にわたって、東京、大阪、名古屋、福岡など主要一一都市で七七七万人の児童を招待しました。その後二〇〇八年に、さらに多くの地域で公演する「こころの劇場」に発展し、二〇一六年度は一七七都市で四八〇回公演し、小学六年生を中心に五六万人の子どもたちに観劇してもらいました。

だったら外でやればいいじゃないか!

このように「人生の感動」と「生きる喜び」を多くの人々に届けたいと四季は活動してきましたが、特に二〇一一年三月十一日の東日本大震災は、私たちが〝メッセージを伝えたい〟と強く思った出来事でした。

地震が起こった時、四季は各地で公演の真っ最中でした。舞台は即座に中止。交通網のまひで帰宅できないお客さまを懸命にサポートしました。

そうしたなか、東北の状況を知った浅利先生が劇場に駆け付け、「すぐに東北に行こう!」と言ったのです。ある技術スタッフが「無理です。被災地では劇場が壊れて使えません」と言うと、浅利先生は「だったら外でやればいいじゃないか!」と一喝《いっかつ》しました。

その後、東北出身の俳優、スタッフが中心になって準備を開始。私も震災から二カ月後の五月に被災地を回り、自治体の首長に公演を提案していきました。

最終的には体育館で演劇ができるように舞台装置を工夫し、七月下旬から八月下旬にかけて岩手、宮城、福島の県下で公演を開催。一万三七〇〇人の小中学生らを招待しました。翌年も八〇〇〇人を招待し、震災から二年間で二万人以上の方々にご覧いただきました。

この東北特別招待公演で上演した作品は、オリジナルミュージカル「ユタと不思議な仲間たち」です。

作品の舞台は東北。天災により生きられなくなった座敷わらしと、いじめに苦しむ少年ユタとの心の交流を描くミュージカルです。体育館のフラットな床で「舞台」と「客席」という垣根《かきね》を取り払った演劇は心に迫るものがありました。

伝えたいメッセージは「命の尊さ」と「友情の大切さ」でした。子どもたちに、少しでも「生きる力」を届けたいと、懸命に取り組みま

東北特別招待公演「ユタと不思議な仲間たち」(四季株式会社提供)

した。

劇の最後には体育館にいる全員で劇中歌「友だちはいいもんだ」を合唱しました。俳優と子どもたちが一体となって感動を分かち合う光景に「これこそ演劇の原点だ」と胸が熱くなりました。

特別公演の開催を通して私も被災地の方々に触れ合いました。悲しみのどん底の中でも、負けずに生きる不屈の姿、自身も被災しているのに他者のために行動する献身の姿に、何度も熱いものが込み上げました。

池田名誉会長は「人生は劇の如《ごと》し」とおっしゃっていますが、まさにその通りです。

被災地の方々の復興の軌跡《きせき》、人生そのものに私は感動を覚えます。だからこそ、東北には人の心を震《ふる》わせる力、「感動」を送る力があると確信します。

浅利先生がかつて私に、こう教えてくださったことがあります。

「盛岡の小屋（劇場）で芝居をやっているときに、客席をよく見てみなさい。一番奥の一番安い席に、必ず宮沢賢治《みやざわけんじ》が座っている。石川啄木《いしかわたく》《ぼく》もいるよ。東北はそういうところなんだ」

劇場の最後列には、将来日本を代表する才能が必ず座っている。それが東北の底力《そこぢから》だと、浅利先生は私に教えてくださったのです。
一口に「東北弁」と言っても地域によって言葉は大きく異なります。実際、秋田出身の私には全く意味が分からない津軽弁がたくさんあります。しかし、東北の言葉全体に共通する点もあります。例えば「あ」と「え」の間の母音《ぼいん》のような曖昧《あいまい》音が多いのです。この曖昧音は、フランス語の音とよく似ていて美しいと浅利先生もよくおっしゃっていました。浅利先生の師・加藤道夫先生も、こう指摘しています。
〈日本で一番美しい言葉は東北辯《べん》だと思う。あのやわらかな響きが標準語だったら、日本におけるオペラと詩劇の完成は一世紀早まっただろう〉（浅利慶太著『時の光の中で』）
前述の「ユタと不思議な仲間たち」は、九九パーセントが南部弁のセリフです。この東北独特のやわらかな美しい言葉の響きは、人の心を打つ不思議な力があるのだと感じます。

平和への祈りと行動に深い敬意を

過日、創価学会の「東北福光《ふっこう》みらい館」を見学しました。全国、世界からの励ましと、それを力に不屈の人生を歩む数々のドラマに感動の連続でした。

皆さまのこうした生き方の源泉となっているのが、池田名誉会長の励ましの心、皆さまの幸福を願う深い祈りだと思います。

学会の戸田第二代会長は「この地球上から『悲惨』の二字をなくしたい」とおっしゃり、名誉会長はその心のままに、世界を舞台に人類の平和と幸福への行動を貫《つらぬ》かれてきたと伺いました。この平和への祈りと行動に、私は心から尊敬の意を表します。

名誉会長は民主音楽協会（六三年創立）と東京富士美術館（八三年開館）を設立されました。こうした文化事業の背景には、「世界平和のためには、民衆と民衆の相互理解を図《はか》っていく芸術・文化が不可欠である」という平和思想があると伺いました。

民音は「民衆の手に音楽を」「庶民が下駄履《げたば》きで行けるコンサートをやっていこう」との信念で公演を重ねられ、二〇一三年に創立五〇周年を迎えられました。芸術・文化の力で世界を結ぶ名誉会長の理念に深く感銘します。

四季も「劇場の市民社会への復権」を掲げ、政治主張に偏《かたよ》ったものではなく、純粋な文化発信に努《つと》めてきました。企業は利益を追求する

民主音楽協会（民音）が1981年に招へいしたミラノ・スカラ座の舞台「オテロ」。民音は1963年に池田名誉会長によって創立された
©Seikyo Shimbun

ものですが、劇団は心豊かな社会を実現する「運動体」でもあると私は考えています。

劇団四季が上演しているミュージカル「ノートルダムの鐘《かね》」の中に印象的な歌詞があります。

「貧困と差別と争いがなくなって、自由に平等に暮らせる時が必ず来る」

ここに込められている願いは「祈り」と言えるかもしれません。

私たちは、その祈りをもって活動

をしていきたい。それが四季の信念です。

感動と喜びに満ちた素晴らしい世界のために、これからも皆さまにご協力をいただきながら最高の舞台をお届けしていきたいと思います。

「豊かさ」とは「感動」する時間で決まる

〈２０１８年６月号掲載〉

鷹山《たかやま》 ひばり

（鷹山宇一記念美術館館長）

東京都出身。戸板女子短期大学卒業後、上智大学で学ぶ。社団法人二科会事務局勤務を経て、１９９９年、青森県七戸町立鷹山宇一記念美術館の館長に。その後、２００９年から６年間、青森県立美術館館長として県の文化・芸術振興に尽力した。１５年から現職に再任。NHK 東北地方放送番組審議会委員、青森県私立学校審議会委員、青森県文化賞選考委員会委員など、兼職多数。

東北中に広がる人の真心

阪神《はんしん》・淡路《あわじ》大震災や新潟県中越《ちゅうえつ》地震など、大災害に直面するたびに、日本人は〝負けない力〟を培《つちか》ってきました。震災から二三年を経た神戸・大阪の方々は〝犠牲《ぎせい》になった六四三四人の死（関連死も含む）を無駄にしない〟との決意で、安心・安全の街づくりを地道に続けられています。

そのことを実感した出会いがありました。

昨年（二〇一七年）秋のことです。美術館での展覧会準備のため、京都へ向かう新幹線の車中で、たまたま隣に座った青年と話をする機会を得ました。青年は福島でのボランティア活動の帰りでした。

彼は、十五歳の時に阪神・淡路大震災で両親と妹を亡くしたことを打ち明けてくれました。悲しみと悔《くや》しさをバネに猛勉強を重ね、建築学を学ぶために大学院まで進学したそうです。

その後、建築設計の仕事に就き、四年前（二〇一四年）にグランドオープンした超高層ビル「あべのハルカス」の建設に携《たずさ》わることができたと語ってくれました。

高さ三〇〇メートルの同ビルは、震度七クラスの地震を想定《そうてい》し、最《さい》先端《せんたん》の技術を結集《けっしゅう》した建物です。

震災で家族を失った彼は〝どんな地震にも負けない〟安心・安全の建物をつくることで、亡き家族への誓いを果たしたのです。

そして、〝今の自分があるのは、支えてくれた方々のおかげ〟と、福島で街づくりの手伝いをしています。「それが自分の恩返《おんがえ》しです。福島の子どもたちは、必ず日本の柱になってくれます」と。

東日本大震災から七年。これまで数え切れないほどの方々が、さまざまな思いを胸に東北の被災地を訪れてくださいました。

皆さまの真心《まごころ》の姿から、被災地の子どもたちは人間として大切な心を学んでいます。震災の時に小学五年生だった子たちは、今春（二〇一八年）、高校を卒業しました。大きく成長しています。

中国の言葉に「一年の計《けい》は、穀物《こくもつ》を樹《う》えることにある。十年の計は、樹木を樹えることにある。終身の計は、人材を樹えることにある」とあります。教育こそ、国家百年の計です。

被災地の子どもたちが人の真心から学んだことは、その子たちがより良く生きる力になります。その力は被災地に限らず、点と点が線となり、やがて面となっていくように東北中に広がっていくのです。

それこそが新たな時代を築く東北の力になると確信します。

「感動」に満ちた創価学会の世界

私は画家・鷹山宇一《たかやまういち》の長女として生まれ、東京で育ちました。大学で学んだ後、美術団体の二科会《にかかい》事務局に二〇年間在籍し、展示運営を担当。その後、青森県七戸《しちのへ》町立鷹山宇一記念美術館の館長に就任するため、一九九九年、父の故郷の七戸町へ移り住みました。二〇〇九年から六年間は、青森県立美術館の館長を務めました。

現在は再び、鷹山宇一記念美術館の館長をしていますが、どの立場であっても〝全ての人に芸術を鑑賞してもらいたい〟との一心で行動してきました。美術館は一部の人のものではなく、全ての人のために存在する生涯学習の場だからです。

だからこそ、池田先生が創立された東京富士美術館が〝民衆のための、開かれた美術館〟を標榜《ひょうぼう》されていることに共鳴《きょうめい》します。私の在職の前後も含めると県立美術館では、東京富士美術館にご協力いただいた「大ナポレオン展」「光を描く 印象派展」「遥《はる》かなるルネサンス展」なども開催しています。

こうした展示を通して、池田先生の芸術への造詣《ぞうけい》の深さに感銘《かんめい》します。海外の国宝級の名品を展示できるのも、先生への信頼があってこそです。

文化・芸術は生きていく上での「心の糧《かて》」です。作者の魂《たましい》が込められた名作には、朽《く》ちることのない輝きがあります。豊かな人生を歩む源泉《げんせん》になります。

「豊かさ」とは財産《ざいさん》や名誉《めいよ》ではなく、どれだけ人生の中で「感動」する時間を持ったかで決まるのではないでしょうか。

人生には、苦闘や挑戦の先に必ず大きな感動が待っています。そう考えると、創価学会には「感動」がたくさんあります。

私は「聖教新聞」を愛読し、学会の行事に何度も訪れています。信仰を持ち、苦難に負けない皆さまの姿に、いつも感銘を受けています。

昨年（二〇一七年）も、青森県の「創価青年大会」に出席しました。心が一つになった舞台、出演者や体験発表をした青年たちの輝きに感動しました。

人生には、好むと好まざるとにかかわらず、荒波《あらなみ》にのみこまれることがあります。逃げてもその波は容赦《ようしゃ》なく迫ってきます。どんな人でも、迷い、恐れてしまうことがある。その時にどう生きるのか。そこに人間の真価が問われます。

池田先生の言葉の中に、

〈人生の迷子にならぬために
私は　明瞭なる指標にと
確固たる信仰を持ったのだ〉
とあります。その通り、迷うことのない揺るぎない信念を持つ人は強いのです。

「終わりが、次の始まり」

先生は、学会の皆さまをはじめ、多くの人に希望と勇気を贈り、励まし続けてこられました。

なかでも、六十五歳から執筆を始められた小説『新・人間革命』は、特別な書籍だと感じます。

2017年に開催された「青森創価青年大会」 ©Seikyo Shimbun

第一巻の「はじめに」の中には〈完結までに三十巻を予定している。その執筆は、限りある命の時間との、壮絶な闘争となるにちがいない〉と記されています。

その通りに、激闘の中で全魂を込めてつづられた同書は、不朽《ふきゅう》の名作です。

現在、「聖教新聞」で連載中の「誓願《せいがん》」の章で全三十巻が完結すると伺《うかが》いました。

私は「終わりが、次の始まり」

だと考えています。ここから、新たな人間革命の歴史が、後継の方々の感動にあふれた生き方によってつづられていくことでしょう。

それは、池田先生にお会いしたことがない青年たちが、師匠の言葉を指針にして立派に成長していることで証明しています。先生の言葉は後世まで生きていく。それが未来をつくることであり、先生の人材育成の素晴らしさです。

私も微力ながらも文化・芸術の分野で皆さまの豊かな人生のお手伝いをさせていただきたいと思い、日々を大切に過ごしていきます。

パブリックマインドで東北の新たな地平を開く

〈2019年1月号掲載〉

橋本《はしもと》 逸男《いつお》

（日中友好協会副会長）

１９４８年福島県田村市生まれ。東京大学から外務省へ。在中国大使館公使、上海総領事等の中国勤務、本省での中国関係部署などで、長く日中関係に携わる。外務省官房審議官、内閣官房、ラオス大使、自治体国際化協会、ブルネイ大使を経て、東北大学公共政策大学院教授、副院長に。２０１２年、日中友好協会副会長に就任。地元自治体のアドバイザーも務める。

日中国交正常化の〝奇跡〟の源流

私は一九七一年に外務省に入り、北京《ペキン》の日本大使館公使や上海《シャンハイ》総領事など、主に日中関係の実務に当たりました。

その間、折《お》りに触《ふ》れて、池田先生の存在感、創価学会や公明党の尽力の大きさを感じました。その源流《げんりゅう》は、先生の日中国交正常化提言（六八年九月）にあったのだと思います。

一九七二年の日中国交正常化は、時代背景を考えると〝奇跡〟ともいえる出来事です。

それ以前の日本は、米国と歩調《ほちょう》を合わせ、台湾（中華民国）との外交関係を保《たも》っていました。中国（中華人民共和国）は文化大革命のただ中で、日本の対中国感情は冷えていました。

七一年の十月には中国の国連参加をはかる「アルバニア決議案」が賛成七六票、反対三五票で可決されましたが、この時、日本は反対票を投じています。

しかしベトナム戦争の影響から、ニクソン政権下の米国が対中国姿勢を緩《ゆる》めるなど、国際情勢は変わりつつありました。

翌七二年二月には、ニクソン大統領の電撃的な中国訪問があり、日本国内の熱意にも押された田中角栄《かくえい》総理大臣は訪中を決断しました。中国で毛沢東《もうたくとう》主席、周恩来《しゅうおんらい》総理が健在《けんざい》だったことも幸いし、アルバニア決議から一年もたたない七二年九月、日中共同声明により、両国の国交が正常化されたのです。

こうした劇的な方針転換を可能にした背景には、多くの方々の尽力がありました。中でも、一万数千人の学生の前で行った先生の国交正常化提言は、日中双方に大きなインパクトを及ぼしたと思います。先生の提言は、今日の日中友好の原点であり、世界とアジアの平和を紡《つむ》ぎ出す「慈悲《じひ》の智慧《ちえ》」とも申せましょう。

世界市民の心で世々代々《せせだいだい》の友好を

先生が周恩来総理から託《たく》された世々代々《せせだいだい》の友好に貢献《こうけん》され、学会や公明党の方々も多方面で尽力《じんりょく》されたことは、国が外交を進める上で大きな支えになったと思います。

中国との国交正常化後まもなく、初の政府留学生として、現在の駐日大使・程永華《ていえいか》（当時）さんが創価大学に留学しました。実は留学前の程さんと、私は北京でお会いしています。

当時、私は北京の大使館に在籍《ざいせき》する「研修生」でした。その関係で、中国から初めて日本に留学する皆さんの壮行会《そうこうかい》を開いたのです。程さんは緊張気味《きんちょうぎみ》でもありました。当時の日中関係を考えれば当然です。こうした中国の青年の気持ちを受け止め、程さんたちを温《あたた》かく歓迎なさった池田先生の真心、大学側の支援は彼らにとって大きな励ましになったと想像されます。

程さんだけでなく、先生は中国の〝青年〟を大切にしてきました。一九八五年には全青連〈中華全国青年連合会〉と創価学会青年部が交流協定を結《むす》んでいます。交流議定書を交《か》わした中国側の団長〈全青連主席〉は胡錦濤《こきんとう》氏〈前・国家主席〉、副団長は李克強《りこっきょう》氏〈現・国務院総理〉でした。

全青連と創価学会青年部は今日も相互に交流を続けておられます。

日中友好の流れを将来にわたり、永く継《つ》いでいくのは、若い人たちです。こうした交流を継続していくことは非常に大切だと思います。悠久《ゆうきゅう》の歴史を持つ大国たる中国、そこから学びつつ自ら努力して発展を遂げた日本、この重要な二国の、二〇〇〇年に及ぶ、多方面にわたる深い関係は、世界でも、人類の歴史上でも、稀有《けう》なものです。双方は、それを深く認識し、大事にして、両国間の友好協力関係を一層増進して、アジアひいては世界の平和と安定、人類の幸福の為に貢献すべきものでしょう。

実は私は、外務省で、日中平和友好条約の担当官でした。一九七八年八月にそれが調印され、十月に鄧小平《とうしょうへい》副総理が批准書《ひじゅんしょ》を携《たずさ》えて、訪日し、日本国内から熱烈な歓迎を受け、各界の中国への支援・協力を獲得した時に、私は「ああ、これで、両国関係の大きな発展が実現

会見する周恩来総理と池田名誉会長（1974年12月5日、北京）
©Seikyo Shimbun

する」と期待したものでした。

　今年（二〇一八年）は、同条約締結四〇周年。この間、両国関係は発展しましたが、少なからぬ曲折《きょくせつ》も経験して、必ずしも順風満帆《じゅんぷうまんぱん》とは言い難《がた》かったように思います。

　双方で、真の相互理解を増進する、幅広い人々の交流を実施する、互いの良い点を注視し、ポジティブに思考する、といった積極的な志向性を、一層強めることが大事ではないか、と思います。

要は、一人ひとりが、余り難しく考えずに、可能なところから、できることをする、ということでしょう。

池田先生は一九七五年、SGI（創価学会インタナショナル）発足の折、署名簿の国籍欄に「世界」と記《しる》されたと伺《うかが》いました。感銘《かんめい》を受けました。国境や民族の違いを超えて、「世界市民」という意識で友情を結んでいくことが、これからの時代に求められるのではないでしょうか。

東北に脈打つパブリックマインド

外務省を退職後、福島県出身の私は郡山市に居《きょ》を移《うつ》し、仙台の東北大学公共政策大学院の教授に転じました。学生に〝パブリックマインド（公共の精神）のある外交〟を講《こう》じていました。東日本大震災の時も、研究室で講義の準備中でした。

被災地での自衛隊、警察や消防などの献身《けんしん》も素晴らしく思いましたが、他方で被災地の方々の規律ある忍耐強さ、ボランティアの方々の献身的支援には、心から感動しました。

パブリックマインドとは、自己の利益を超えて、社会全体に尽くす精神です。その原点は、眼前《がんぜん》の一人のために行動する心だと思います。池田先生が震災後、幾度《いくど》も東北の皆さんに寄せられた励ましの言葉は、そうした精神に立つものであり、東北復興の大きな力となると思います。

東北には豊かな自然資源と物産があります。人も素晴らしい。震災から復興を遂《と》げ、さらに成長するには、パブリックマインドを最大に発揮していくことが望まれます。

最重要事である農業の発展、農業コミュニティーの振興の面でも、地域を超えた連携、農地制度や経営の改変《かいへん》を行えば、生産性と士気が高まり、世界的なモデル地域になれるのではと期待します。

日中関係の発展にも、東北は一層力を発揮できると思います。

東北に脈打《みゃくう》つ心温かなパブリックマインドを、次代《じだい》を担《にな》う青年が受け継ぎ、新たな地平《ちへい》を開いていくことを念願《ねんがん》し、私も皆さんと共に歩んでいきたいと思っております。

東北の寛容の心こそ世界のスタンダードに

〈2018年12月号掲載〉

渡部《わたなべ》 潤一《じゅんいち》

(国立天文台副台長)

1960年生まれ。福島県出身。理学博士。東京大学卒。国立天文台広報普及室長、同天文情報公開センター長などを経て、2012年、同副台長に。講演、執筆、メディア出演など天文学を社会に伝える活動に尽力する。2018年8月、国際天文学連合副会長に就任。

東北人の人を思う心

私は福島県会津若松《あいづわかまつ》市の出身です。東北地方を襲った東日本大震災の衝撃は、今でも鮮明《せんめい》に覚えています。

「天文学者に何ができるだろうか」と、震災後一週間ほど寝付《ねつ》けずに悩《なや》みました。

福島から東京に避難してきた子どもたちのために星空教室を開いたり、日本で開催された国際会議にあわせて、新発見の小惑星に被災地の地名を命名したり、自分にできることを精いっぱいしました。

こうした中、復興に歩む方々の姿を見て、改めて東北出身であることに誇りを抱きました。

ある時、アメリカ人の天文学者と震災の話をしました。彼のご子息《しそく》は米軍の災害救援活動で東北に来て、東北人の人間性に感動したそうです。

そのご子息は、発災から間もなく物資が不足していた時期に来日。救援活動中に高校生くらいの三人組と出会いました。少年たちは手にしたジュースを自分で飲まずに避難所へ持っていったそうです。

このエピソードだけではなく、折々に触れた東北人の姿に、人を思う心がにじみ出ていたのでしょう。だから帰国後に、そのご子息は父親に話したのだと思います。

話を聞いた時、私は「会津の三泣き」という言葉を思い出しました。会津地方は山に囲《かこ》まれた盆地《ぼんち》で、歴史も古く地域特有の文化が色濃く残っています。頑《かたく》なな気風の人も多い。その会津に初めて住んだ人は、会津人のとっつきにくさに一泣きします。しかし、会津に慣れてくると温《あたた》かな心に二泣きします。そして会津を去る時には、離れたくなくて三泣きするといいます。

東北人は口下手《くちべた》の傾向が強く、冷たく思われることもありますが、その奥に深い人情を持っている人が多い。震災ではその本質が現れて、世界から称賛されたのです。

東北には海や山、里など原風景が身近に残っています。その中で生命を慈《いつく》しむ寛容《かんよう》の心が自然と培《つちか》われるのではないでしょうか。この東北の精神こそ世界のスタンダード（基準）になっていくべきだと思います。

宇宙への探求が人類の心を広げる

復興支援の意義を込めて、二〇一三年十二月、創価学会の企画展示

「わたしと宇宙展——奇跡の地球《ほし》に生きる」が福島県郡山市で行われました。

展示の監修をしたこともあり、私も駆け付けました。

展示の目玉は「月《つき》の石《いし》」。宇宙を感じることで子どもたちに夢を膨《ふく》らませてもらいたいと、「月の石」の展示を提案《ていあん》したのです。

私が天文学を志《こころざ》したのは小学六年生の時でした。その頃、ジャコビニ流星群の出現が話題になり、雨あられのように流れ星が降《ふ》ると聞いてわくわくしたものです。担任の先生にお願いして、流星群の出現の日に小学校の校庭で観測会を行いました。

残念ながらその日、流れ星は一つも見えませんでした。しかし、見えなかったことで〝偉い先生でも分からないことがあるのか。天文学は未知の世界なんだ〟と宇宙への憧《あこが》れが膨らみました。

そして、これから一生懸命勉強すれば、自分も天文学の世界でフロンティアに立てるのではないかと思ったのです。わくわくする経験や憧れは、子どもが夢を持つきっかけになります。

実は「月の石」にも思い入れがありました。私が十歳の時、大阪万博に親と一緒に行きました。「月の石」が展示されたのですが、大行列で見ることができませんでした。その時の悔しさは今でも覚えています。だから、今の子どもたちにはしっかりと見せてあげたいと思ったのです。

同展は全国で巡回《じゅんかい》され、現在まで四三万人を超える方々が来場されていると伺い、大変にうれしく思っています。

宇宙へのロマンを抱くことについて、池田先生は著名な天文学者・チャンドラ・ウィックラマシンゲ博士との対談の中で〈宇宙への探求

福島県郡山市で行われた「わたしと宇宙展――奇跡の地球（ほし）に生きる」。「月の石」に見入る来場者たち　©Seikyo Shimbun

は、人類の心を大空のごとく広げます。また人類に一体感をもたらします。その意味で、天文学の発展が、平和の発展へとつながっていくことを私は信じ、願っています〉とおっしゃっています。

他にも、壮大なスケールかつ人生の羅針盤《らしんばん》となる言葉にあふれ、その深い視座《しざ》に感銘《かんめい》します。

差異を超える「人間主義の精神」

先生の対談集を拝見して思うことがありました。それは、異なる文化の交流という視点からも、先生の対談には大きな意味があるということです。

一般的に宗教と科学は対立すると思われることが多々あります。しかし、先生は、さまざまな分野の有識者との「対話」という行動を通して、あらゆる文化、価値観は協調できることを示し、よりよい未来をつくる方途《ほうと》を世界に示唆《しさ》してくださっています。

余談《よだん》ですが、天文学の世界では「宇宙人はいる」というのが通説です。宇宙には地球と似た環境が幾《いく》つもあり、進化の段階は分かりませんが、生命体が存在する可能性は高い。数千年単位で考えれば異星人《いせいじん》とコミュニケーションを取る時代が来るでしょう。

その時に異文化を受け入れる寛容さがなければ衝突し、争いが起きてしまうかもしれません。将来、宇宙交流の時代が訪れた時、寛容の心を持った人々の連帯が必要です。

それは現代にも通じます。差異を超えて友情を結《むす》ぶことが平和を築く一歩になります。その模範となる行動をされてきたのが池田先生です。

世界各地を訪れ、胸襟《きょうきん》を開いた対話を重ねてこられました。卓越《たくえつ》した見識《けんしき》はもちろんですが、先生の対話の根底《こんしい》にある相手を思いやる心に、私は感銘します。

差異を超える先生の「人間主義の精神」は、現代社会、ひいては数千年先の宇宙交流の時代までも輝く普遍的な精神です。

そして東北には、この「人間主義の精神」の土壌があり、東北から世界へ、その精神が広がっていくと確信します。

国際天文学連合でも、国境を超えてアフリカなどの途上国の開発を支援する「Astronomy for Development（開発のための天文学）」に取り組んでいます。天文学の面白さを伝えることで、途上国の子どもたちが大きな視野を持ち、平和な社会をつくるリーダーに成長することを願っています。

私も天文学の分野で世界の方々と心を結ぶ努力をしていく決意です。

第4章

東北モデルを世界へ
――フロンティア企業の視点

郷土への誇りと勇気があれば可能性は開ける

〈2017年11月号掲載〉

泉山《いずみやま》 元《はじめ》

（三八五流通株式会社代表取締役社長）

１９４９年生まれ。青森県出身。東洋大学卒業後、三八五貨物自動車運送株式会社（当時）に入社。８５年、代表取締役社長に就任。東北経済連合会常任政策議員など兼職多数。日本写真協会会員。

父の跡を継ぎ三十六歳で社長就任

青森県八戸《はちのへ》市に拠点《きよてん》を置く三八五《みやご》ホールディングスは従業員三九〇〇人、物流と観光を中心に三九の関連会社からなっています。私はグループ全体の代表も務《つと》めています。

中核《ちゆうかく》企業である三八五流通株式会社の創業は一九四七年（昭和二十二年）にさかのぼります。私の父・泉山信一が運送会社を立ち上げたのが始まりです。

従業員三四人で出発し、二年後には「三八五貨物自動車運送株式会社」になりました。

創業当時は戦後間もなくで、整備工場などありません。車が故障するたびに自分たちの手で直し、豪雪《ごうせつ》の時には自社で開発した除雪車で道を開くなど、社員一丸となって全力でお客さまにお応《こた》えしていきました。

信用《しんよう》を築《きず》き、創業から八年後には七〇〇キロある東京—八戸間の路《ろ》線免許《せんめんきょ》を取得《しゅとく》。日本最初の長距離路線を開きました。

八五年、礎《いしずえ》を築いた父が逝去《せいきょ》し、私が三十六歳で社長に就任《しゅうにん》しました。

当時、日本経済は右肩上《みぎかたあ》がりでした。私は就任二年後、創業四〇周年を機に「関東五〇《ゴーマル》作戦」を打ち出しました。売り上げの五〇パーセントを東京で稼《かせ》ごうというスローガンです。好景気の波に乗り、業績をどんどん伸ばしていきました。

バブル経済の崩壊後は「意識改革」と「選択と集中」を掲《かか》げ、経営体質の改善《かいぜん》に努《つと》めました。

九六年には社名を現在の「三八五流通株式会社」へ変更。私たちの仕事は荷物を運ぶ物流だけではない。情報やサービスなども含めて運ぶ「流通」の仕事をするのだという視点に立ち、新たなビジネスを見いだしていきました。

さらに、巨大化した会社を分社化して、それぞれの会社に「社長」を配置《はいち》しました。エンジンを増やしたのです。

その結果、意思《いし》決定が迅速《じんそく》になり、社長と社員のコミュニケーションも生まれました。

何よりも「社長」の名刺をもってお客さまのところへ飛んでいける。より地域に密着した企業となり、不況の荒波を乗り越えることができました。

人間力こそ東北の力

創業時の苦闘《くとう》、発展期の躍進《やくしん》、転換期の反転攻勢《はんてんこうせい》。その全てを可能にしたのは社員一人ひとりの存在、つまり「人材力」です。

わが社には名門大学を出たエリートだけではなく、青森、東北で生まれ育った土着の社員たちがたくさんいます。地域を愛し、誇りを持った社員の団結が大きな力を生み出しました。

池田先生は、青森県の県紙・東奥日報《とうおうにっぽう》に次のように寄稿《きこう》されています。

〈わが愛する郷土、そして、わが尊極《そんごく》の生命の中にある「宝」に光を当ててこそ、「地方」は「地宝」の輝きを放っていきます〉

深い洞察《どうさつ》と温《あたた》かなまなざしに共鳴《きょうめい》します。郷土への誇りと、殻《から》を打ち破る勇気があればいくらでも可能性は開けると信じます。

先生が一貫して「東北の人は強い。東北の人はたくましい」とおっしゃっている通り、私も東北人の誠実さや粘《ねば》り強さを信じています。その人間力こそ、東北の力だと確信します。

もう一つ、わが社の前進の力になったのは「地域力」とも言うべき、その土地ならではの魅力です。

私はかねて「地方が元気にならなければ日本全体も元気にならない」と考えています。日本に存在する三八二万社のうち、中小企業は九九・七パーセントを占めています（二〇一七年版『中小企業白書』）。地方の企業にこそチャンスがたくさんあります。不利な条件を挙《あ》げれば切りがない。良い点に目を向けていくことが大切です。

例えば青森県新郷《しんごう》村のトウモロコシ。寒暖《かんだん》の差が大きいため、生で食べられるほどおいしいトウモロコシが収穫できます。「極甘とうもろこし　郷《さと》のきみ」と命名《めいめい》して販売したところ、高い評価をいただきました。

知名度を生かして下北半島の「恐山《おそれざん》ビール」という地ビールも商品化しました。「恐山」と聞いて怖《こわ》がらず、ぜひ一度飲んでみてください（笑）。

他にも、青森県にはリンゴやブルーベリー、田子町《たっこまち》のニンニクなど特産品が数多くあります。全国、世界に誇れる「強み」です。

厳しい環境の東北だからこそ生み出せるものがある。それを輝かせるのは、先ほども触れましたが、人間の力です。

池田先生の言葉を社内ポスターに

私は人材育成の一環として社員たちに浸透《しんとう》させたいと、池田先生の言葉をポスターにしました。

強くなれ！
強くなれ！
絶対に　強くなれ！
強いことが　幸福である
勝利である
強い人は
皆を幸福と平和への

価値ある　正義の人生に
転換させゆくことができる

かつていただいた先生の写真集に添《そ》えられていた言葉です。私の人生観と深く一致《いっち》したのです。私に限らず、経営者は日々、強い責任感と緊張感にさらされています。先生の言葉に私は勇気づけられました。

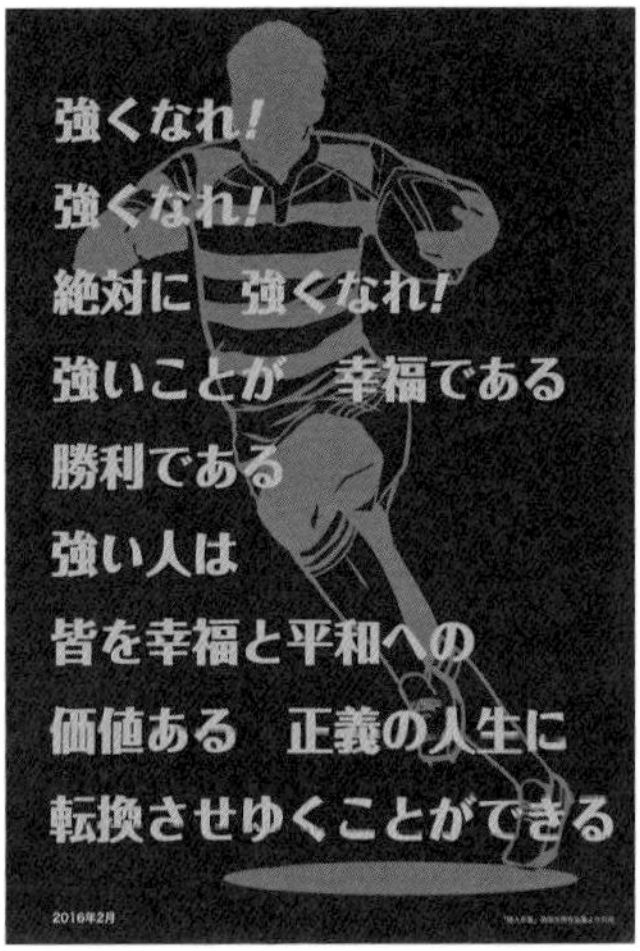
強くなれ!
強くなれ!
絶対に　強くなれ!
強いことが　幸福である
勝利である
強い人は
皆を幸福と平和への
価値ある　正義の人生に
転換させゆくことができる
2016年2月

池田名誉会長の言葉を記したポスター。三八五グループの全事業所に掲示されている

同時に〝リーダー一人が強くなるだけではいけない。社員一人ひとりが強くなってこそ大きな価値が生み出せる〟と考え、その言葉を掲げたポスターを製作。グループ企業の全事業所に

張り出しました。デザインを変えながら今も掲示しています。

中国が信じた大誠実の心

私が、池田先生の真実の軌跡《きせき》を初めて知ったのは中国訪問の折でした。

泉山家は父の代から親子三代にわたり、中国との交流を大切にしてきました。父は幹部研修生を受け入れるなど日中友好に尽力《じんりょく》。息子は中国に留学しています。

私も日中友好のシンボルとして、二〇〇六年から五年間かけて天津《テンシン》市に一一〇〇本の桜の植樹をしました。

〇九年から一六年の八年間は、文部科学省の事業として「日中（青

三八五流通のトラック。39の関連会社を含め、三八五グループには3900人が働いている（三八五流通提供）

森・天津）テニス事業」を実施《じっし》。青森県のテニス選手八四人を派遣し、中国の選手を日本に九一人受け入れています。

　こうした取り組みもあり、〇六年に天津市塘沽《とうこ》区から「栄誉公民」称号を、一〇年には天津市から「海河友誼奨」を受賞しました。

　天津市には周恩来《しゅうおんらい》総理が卒業した南開《なんかい》大学があり、「周恩来鄧穎超《とうえいちょう》記念館」があります。

ある時、館内を見学して驚きました。池田先生の等身大《とうしんだい》の絵が飾《かざ》られていたのです。

そこは中国人にとって極《きわ》めて厳粛《げんしゅく》な空間。

〝なぜ、日本人の絵が？〟

疑問に思い、通訳の中国人に理由を聞くと、日中国交正常化の背景には周恩来総理と池田先生の友情があったと説明されました。周総理の逝去後も、先生は一貫して中国を大切にし、信義《しんぎ》を尽くされてきたと伺いました。先生の誠実な心に感動しました。

そして、その心が創価の青年たちに受け継がれていると感じた出来事がありました。

一〇年十月、私は創価大学の特別講座「トップが語る現代経営」で講義しました。大きな教室の席は五〇〇人の学生でびっしりと埋まり、私の話が終わると割れんばかりの拍手を送ってくれました。〝こんなすごい大学はほかにない〟と驚きました。先生に学んだ人材が世界中で活躍したら、どんなに素晴らしい未来が開けるだろうかと楽しみです。

わが社は本年（二〇一七年）、創業七〇周年を刻み、「一〇〇年企業」へ新たなスタートを切りました。次代を担《にな》う社員たちを育てながら、一段と郷土の発展に尽くしていく決意です。

教育・文化の知の拠点を目指す

〈2017年12月号掲載〉

玉山《たまやま》 哲《さとし》

（株式会社東山堂代表取締役社長）

１９５０年生まれ。岩手県出身。慶應義塾大学卒業後、株式会社東山堂に入社。９７年、代表取締役社長に就任。「感謝と奉仕」「夢と情熱」を信念に良質な活字文化の提供に尽力してきた。岩手県書店商業組合理事長など兼職多数。

子どもたちへの「知」に対する触発

当社は一九〇五年（明治三十八年）、私の曾祖父《そうそふ》が創業した書店です。今年（二〇一七年）で創業一一二年となり、岩手県に現存《げんそん》する書店の中では最も古い歴史を持ちます。

私は一九九七年に社長に就任《しゅうにん》し、「感謝と奉仕《ほうし》」「夢と情熱」を信念に、教育・文化に資《し》する情報を発信しようと努《つと》めてきました。

一〇〇年以上、活字文化を支えてきた当社の伝統を踏まえつつ、これからは「北東北の教育・文化の知の拠点」の役割を担《にな》っていきたいと考えています。

現在、岩手県は「国際リニアコライダー（ＩＬＣ）」の誘致《ゆうち》に力を入れています。ＩＬＣは素粒子《そりゅうし》を衝突《しょうとつ》させ、宇宙創世の謎の解明《かいめい》を目指す次世代加速器です。

誘致が実現すれば、注目を集め、世界から研究者も来て、岩手県が大きな「知の拠点」になることは間違いありません。その前段階の誘致運動を支え、機運《きうん》を高めるのが、県民、特に子どもたちへの「知」に対する触発《しょくはつ》だと思います。多くの人に触発を送る事業に取り組んでいきたいと思います。

また、当社は書籍販売、教科書供給・販売など書店業関連の他に、楽器販売や音楽教室も手掛《てが》けています。

三年前（二〇一四年）には、当社の音楽教室のCMが全国的に話題になりました。

そのCMの場面は結婚披露宴《けっこんひろうえん》。妻を亡くした後、娘と心が離れてしまった父が、娘の結婚披露宴で突然ピアノを演奏します。

曲は、亡き妻と娘の思い出の曲「カノン」。ピアノの音色が父と娘の心をつないでいきます。最後に「音楽は、言葉を超える。」のメッセージで終わります。

ユーチューブ（動画サイト）の再生回数は三七〇万回を超え、二〇一五年には第一八回「アジア太平洋広告祭」でシルバー賞を受賞。世界最大規模の広告祭である「カンヌライオンズ国際クリエイティビティ・フェスティバル」でも最終ノミネートされました。

このCMから新たなドラマも生まれました。CMを見た壮年が、私たちの店舗でサックスを購入。自宅から音楽教室まで一〇〇キロの道のりを通い、息子の結婚式でサックスを披露《ひろう》したのです。その壮年の挑戦を撮影したものが、音楽教室のCMの第二弾になりました。

これらのCMに込めた共通のテーマは「家庭愛」です。日頃から私たちが大切にしている思いでしたが、それをさらに強くした出来事が東日本大震災でした。

震災の時、三陸《さんりく》沿岸の釜石市《かまいし》にあった当社の音楽教室も被災しました。私たちは懸命に復旧・復興に走りながら、県民のために何ができるかを考えました。

音楽教室の再建に当たり、「家族の絆《きずな》」を強める一助《いちじょ》になるのではと思い、子どもだけではなく、大人を対象とした教室に力を入れるようにしました。こうした背景の中で最初のCMが生まれたのです。

書店業でも「家庭愛」を深める取り組みを心掛《こころが》けました。

例えば、動物や虫などの図鑑《ずかん》の特別販売です。売り場には、おじいさんやおばあさんが来てくださいます。お孫さんと図鑑を見ながら楽しい時間を過ごすのだろうと想像するとうれしくなります。

「人を大切にする心」こそ東北の力

私は小学生の時に両親を亡くし、祖父と祖母に育てられました。祖父母が注いでくれた愛情が私の人生の力になりました。だからこそ、私は家庭愛の大切さや家族の絆の力を信じるのです。

池田先生は〈家族のあり方は千差万別であり、時代と共に変化もする。ただ一点、家族を家族たらしめる不変の力があるはずだ。それは、「人を大切にする心」である。この心に支えられて、人は強くなれるし、優しくもなれる〉とつづられています。

私が大震災の被災地で目の当たりにし、感動したのもまた「人を大切にする心」でした。それは〝人生の大地〟ともいえる家庭の中で、また家族的なつながりのある地域の中で育《はぐく》まれたと思います。その心

池田名誉会長の7700回を超える新聞連載は、小説『人間革命』全12巻、『新・人間革命』全30巻で完結した　©Seikyo Shimbun

こそ、東北の力といえるのではないでしょうか。

音楽や芸術、書籍などの「文化」は相手を思う人間性を深めるものです。

その人間性を深める活動を、先進的に実践されているのが創価学会の皆さまであり、中心には池田先生の存在があります。

活字文化振興への幅広い尽力

活字文化の視点から述べれば、生命尊厳の思想に貫《つらぬ》かれた先生の小説『人間革命』『新・人間革命』の新聞連載は、合わせて七七〇〇回を超えています。

まさに生命を削《けず》る執筆活動を続けられる実践に、心から感銘《かんめい》します。その他にも、世界の識者との対談集から子どもたちに向けた絵本まで幅広く執筆・出版されています。

こうした活字文化振興へのご尽力《じんりょく》に対し、私が理事長を務める岩手県書店商業組合では、二〇一〇年に池田先生へ感謝状を贈らせていただきました。

私が感銘するのは、活字文化の分野にとどまりません。東北の大き

岩手県書店商業組合から池田名誉会長の活字文化復興への尽力に感謝状が贈られた（2010年）　©Seikyo Shimbun

な課題の一つに人口減少の問題があります。岩手県でも多くの町や村が立ちゆかなくなる可能性があります。

いずれ、自治体などの「公」がなすべきことを、家庭や個人などの「私」がなさなければならない時代がくる。そうした中で大切にしなければならないのが、「公」と「私」の中間となる地域のつながりです。「私」を支える存在、セーフティーネット（安全網）が不可欠になるからです。創価学会はセーフティーネットの模範《もはん》といえるのではないかと思います。

東日本大震災の時、創価学会の各地の会館が避難所《ひなんじょ》として開放《かいほう》され、学会の皆さまは積極的に救援活動に奔走《ほんそう》されました。こうした行動の原動力になっているのは、やはり「人を大切にする心」であり、それは池田先生が長年にわたり、ご自身の姿で示されてきた精神なのだと思います。

人口減少はマイナス面ばかりではありません。一人ひとりが一段と輝く社会を築くチャンスでもあります。そう確信して、私たちも人間が輝く豊かな社会の構築を目指し、皆さまと力を合わせて進んでいきたいと思います。

義父・井上靖と池田先生

〈2018年1月号掲載〉

井上《いのうえ》 弓子《ゆみこ》

（髙島電機株式会社代表取締役会長）

山形県出身。清泉女子大学を卒業して２年後、作家・井上靖氏の次男で大手広告代理店に勤務していた夫と結婚。専業主婦として２人の子どもを社会に送り出した後、１９９６年に髙島電機株式会社取締役に。常務、社長を経て、２０１１年、代表取締役会長に就任。山形商工会議所副会頭（当時）など兼職多数。

専業主婦から経営者に

　山形県を拠点《きょてん》とする当社は、祖父が創業し、本年（二〇一七年）九〇周年を迎《むか》えました。

　私は山形商工会議所の副会頭《ふくかいとう》も務めていますが、会社経営に携《たずさ》わるようになったのは四十九歳の時です。それまでは専業主婦でした。

　当時、横浜市で暮らしていましたが、社長を長年務めてきた母の体を心配した会社の役員から、山形に戻ってきてほしいと要請《ようせい》があったのです。夫の後押《あとお》しを受け、母を支えたい一心で帰郷《ききょう》しました。

　一九九六年、山形に帰郷しました。必死に経営を勉強して、七年後の二〇〇三年、社長に就任。経営の素人だった私は社員たちを信じ抜こうと決めました。

ＩＴバブルの崩壊《ほうかい》やリーマン・ショックなど幾度《いくど》も不況《ふきよう》の波《なみ》に襲《おそ》われました。そのたびに、社員を信じ、自分の思いを直接伝えていきました。

皆と心を一つに挑戦した結果、毎年、黒字経営を達成することができました。「人を信じる」ことが前進の力になったのだと思います。

信頼は、つながりを広げ、大きな価値を生み出していきます。

私が会長を務める「みやぎ・やまがた女性交流機構」での取り組みでも、そのことを実感しました。

同団体は、宮城・山形で活躍する女性のチャレンジを促《うなが》し、県や業種を超えた幅広い人脈《じんみやく》づくり・ネットワークづくりを促進《そくしん》しています。毎年一度、交流会をもち、ディスカッションなどを行ってきました。

昨年（二〇一六年）は、福島の方にも参加していただき、三県の女性の交流会を仙台で開催。風評被害《ふうひょうひがい》の払拭《ふっしょく》に役立てばと思い、第二部では福島の食材を使ったランチ交流も行いました。

その時、ホテルが用意してくれた料理に、福島の「あんぽ柿」をアレンジした「あんぽ柿タルト」があり、好評でした。すると福島の方々がそれを広める運動を始めました。仙台のホテルや福島の商工会議所、農協など多くの人が協力し合い、ついに商品化が実現。次々と人がつながり、大きな価値が生まれていったのです。

その過程の底流にあるものは、人を信じる東北人の実直さだと思います。厳しい冬を越すために、互いを信じ、助け合ってきた精神が東北には息づいています。その心こそ東北の力であり、誇りです。

庭に地植《じう》えされた松の盆栽

こうした人間性をたたえ、東北に一貫して励ましを送ってくださっているのが、池田先生です。その人柄を私が初めて知ったのは、義父（作家・井上靖氏）と先生の交流を通してでした。

私は、一九七二年に大（井上靖氏の次男）と結婚しました。週末になると、東京・世田谷にあった義父の家へ家族全員集合でした。夜六時頃になると、義父は執筆を終えて書斎《しょさい》から出てきます。それからは、家族皆で夜中までおしゃべり大会でした。

井上家に嫁《とつ》いでから三年後の七五年春、義父と池田先生は一年間にわたる往復書簡《おうふくしょかん》を始められました（『四季の雁書《がんしょ》』）。お二人の交流は、当時私も伺っておりました。特に印象的だったのは、往復書簡を終えた七六年の秋、義父が文化勲章《ぶんかくんしょう》を受章した時のことです。井上家に立派な松の盆栽《ぼんさい》が届きました。先生からのお祝いでした。義父と義母はリビングから真っすぐに見える、庭の一番いい場所に地植《じう》えして、毎日眺《なが》めていました。

当時の模様を先生は小説『新・人間革命』第二二巻につづられています。そこでは、六九年末頃に起こった「言論問題※」にも触《ふ》れられています。

当時、義父は日本文芸家協会の理事長を務めていました。一部の作家から「学会に抗議声明を」との意見が寄せられましたが、義父は毅然《きぜん》として受け入れませんでした。

元新聞記者で、作家であった義父の「人を見る目」は確かでした。

民衆のために、世界平和のために命懸《が》けで行動される先生のことを、義父は心から信頼し、尊敬していたと思います。

「母」への思い響き合う詩心

義父が池田先生と根底でつながっていた背景には、両者が詩人であったこともあるのではないでしょうか。先生は幅広い見識をもとに、ご心情を美しい言葉でつづられます。義父は深く共感していたようです。

『四季の雁書《がんしょ》』の中でも、義父は先生の「母」の詩に触れ、〈心打たれました。母が持つ愛の無限の深さ、強さ、広さ、美しさを称えて、その汚れなき広大な愛を、この人間社会関係の基調に置くことができたらと、高い調子で謳《うた》っておられます〉と感想をつづっています。幼少期に両親の元を離れて育っているため、義父にとって、「母」の詩はとりわけ琴線《きんせん》に触れたのだと思います。

また、東北に寄せる思いも共鳴《きょうめい》していたと感じます。

一九五八年、義父は青森県・下北半島の北端にある風間浦《かざまうら》村の下風《しもふ》呂《ろ》温泉郷を訪ね、渡り鳥の声を聴きながら小説『海峡』を仕上げました。その歴史を記念し、八九年に下風呂温泉郷に『海峡』の文学碑が建立されました。文学碑の除幕式に出席するため、義父は下風呂温泉郷を再び訪れました。道中ずっと外を眺めながら「東北は本当にいいところだね」と何度も口にしたといいます。このことに思いを馳《は》せると、池田先生が東北に贈られた長編詩「みちのくの幸《さち》の光彩《こうさい》」が私の中で重《かさ》なるのです。

井上靖氏と池田名誉会長の語らい　©Seikyo Shimbun

長編詩は、雪が舞う秋田を訪問された模様から始まり、宮城、岩手、青森、山形、福島の皆さまとの感動の出会いが美しい情景と共に見事につづられています。東北への万感《ばんかん》の思いを知り、胸が熱くなりました。

同時に、これほど深く東北を理解されていることに驚きました。まるで町や村の隅々まで知り抜いておられるかのようです。

人間の可能性を信じ、世界に友

情の連帯を築かれている先生のお心がよく表れていると感じる言葉があります。昭和五十年（一九七五年）一月二十六日の創価学会インタナショナル（ＳＧＩ）発足時のスピーチです。

〈皆さん方は、どうか、自分自身が花を咲かせようという気持ちでなくして、全世界に妙法という平和の種を蒔《ま》いて、その尊い一生を終わってください。私もそうします〉

先生のおっしゃる生き方で一生を終えたら、どんなに素晴らしいでしょう。この言葉を胸に、私も東北の発展、女性が輝く社会の構築のために尽力していきます。

※言論問題……ある評論家による創価学会に関する出版について、本来あるべき取材が一切なされなかったことから、学会側は資料の提供と再取材を申し入れた。だが、評論家と出版社側は、これを拒否。さらに「言論出版妨害」であると不当な訴えを起こし、政治やマスコミを巻き込み、社会問題化した。井上靖氏が理事長を務めていた日本文芸家協会は当時、一部の政治家やマスコミなどの偏った論調とは一線を画した。

人生の原動力は感謝の心

〈2018年7月号掲載〉

新田《にった》 嘉一《かいち》

（平田牧場グループ会長）

1933年生まれ。山形県出身。藤島高校（現在の庄内農業高校）卒業後、養豚を始める。1964年、食肉直売所を開設（創業）。3年後、株式会社平田牧場を設立。「平田牧場三元豚」を開発し、トップブランドに育てた。東北公益文科大学理事長ほか兼職多数。

どん底で気づいた周囲への感謝

創業五四年（二〇一八年で）となる平田牧場《ひらたぼくじょう》は、山形県酒田市の本社を拠点に養豚業《ようとんぎょう》を営《いとな》んでいます。年間約二〇万頭を出荷し、グループ企業四社を合わせると年商二〇〇億円になります。

今でこそ、養豚業界で日本有数のブランドになりましたが、最初は私が購入した子豚二頭から始まりました。

米作り農家の長男だった私は、高校卒業後、家業を継《つ》ぎました。しかし、新たな道を切り開きたいと可能性を模索《もさく》。かつて講演会で聞いた「将来、日本の食の中心は、米から動物性タンパク質に変わる」との言葉を思い出しました。

〝ならば、日本一うまい豚をつくってみせる!〟と夢に向かって走り始めました。

品種改良のため、書籍を読み込み、三十五歳の時には、新種を求めてヨーロッパへ。帰国後も豚舎に泊まり込み、寝ても覚めても品種の組み合わせを考えました。

ある日、三種類の豚を掛け合わせる三元交配《さんげんこうはい》を思いつき、挑戦を開始。七年の歳月を経て、満足のいく「三元豚《さんげんとん》」が生まれました。肉質はきめ細《こま》かく、歯ごたえも甘《あま》みもある極上の逸品でした。この「平田牧場三元豚」の評判は瞬《またた》く間に広がりました。

しかし、この後、さらなる試練が待っていました。大口の取引先の傲慢《ごうまん》な姿勢に憤慨《ふんがい》し、取引を辞退。その結果、売り上げの大半を失い、従業員への給料の支払いにすら困窮《こんきゅう》するようになりました。

その時、多くの方に支えられ、苦境《くきょう》を脱《だつ》したことが私の転機《てんき》になりました。それまでは〝自分の努力で日本一の豚を生み出せばいい〟と考えていましたが、間違いだと気づいたのです。

生産・流通・販売の全ての過程で、さまざまな人に支えられている。どん底に落ちて初めて、周囲への感謝が一番大切だと痛感しました。

それからは恩返しの人生を歩もうと決め、地域の発展のために全力を注いできました。庄内《しょうない》空港の誘致《ゆうち》や中国から飼料用トウモロコシを船で運ぶための「東方水上シルクロード」航路の開設、それに伴う酒田港の整備、起業家や地場《じば》産業を応援する「新田産業奨励賞」の創設、さらに文化財の保護、酒田市美術館の設立にも尽力しました。同美術館では名誉理事長を務めています。

酒田市初の四年制大学・東北公益文科大学の設立にも、後援会長として携《たずさ》わり、現在は理事長として大学建設の先頭に立っています。社会に貢献できる自立した人間を育てていくことが、恩返しの総仕上げと考えています。

農業の活性化のため、「食料自給率」向上にも挑戦しています。現在、日本の食料自給率は主要先進国の中では最も低い四〇パーセント（カロリーベース）あまり。一方で日本の水田は、米の消費の減少による減反政策や農業従事者の高齢化などにより、三五パーセントが休耕田や転作田になっています。

そこで私たちは、休耕田での米作りを復活させて豚の飼料に使おうと、環境保全型「飼料用米プロジェクト」を十数年前から始めました。二〇一六年には作付面積一八八五ヘクタールを実現し、一万一三三三トンの飼料用米を集荷。このプロジェクトは日本一の規模を誇《ほこ》り、日

飼料用米を育てる田んぼ（平田牧場提供）

本各地から視察団も訪れています。

　飼料用米を食べて育った「こめ育ち豚」の脂身《あぶらみ》は、甘みと旨《うま》みがあり、以前より格段《かくだん》においしくなりました。地元の米を飼料に使うことで安全性も高めることができます。

　このように、おいしさと食料自給率向上を両立した取り組みが評価され、平田牧場は、平成二十九年度の「飼料用米活用畜産物ブランド日本一コンテスト」において、最高賞の農林水産大臣賞を受賞しました。

創価学会の〝人のため〟の志

私の人生の原動力は感謝の心であり、負けない心、地域を愛する心です。こうした心は苦境にあるほど、また地域への愛着があるほど深くなります。その意味で、厳しい環境も多い東北には、心を深めるチャンスが無限にあると言えるのではないでしょうか。

かつて創価学会の方から、仏法に「心こそ大切」という哲学があると伺いました。その哲学を身をもって示されているのが、池田先生だと思います。

二〇〇九年一月、私は先生が創立された東京富士美術館を訪問しました。同美術館には大変に貴重な中国の明・清時代の陶器《とうき》が所蔵《しょぞう》されていました。〝ここにあったのか〟と心が震《ふる》えるほど、最高峰の美術品がそろっていました。

私は中国をはじめ世界の美術品への眼識《がんしき》を養《やしな》ってきました。中国の現代画壇を代表する黄胄《こうちゅう》先生と長い親交があり、中国国営の美術館にフリーパスで入れる、数少ない日本人です。だからこそ、東京富士美術館に所蔵されている名品の素晴らしさに深く感動したのです。

〝美の殿堂〟ともいうべき、同美術館のレベルの高さは、世界中の方々と心を結ぶ池田先生に厚い信頼が寄せられている証左にほかなりません。

文化・芸術は人間性の発露《はつろ》であり、国境を超えて平和を築く大きな力です。その文化・芸術を軽視する人や国家は、必ず衰退《すいたい》していきま

酒田市にある東北公益文科大学（同大学提供）

す。経済一辺倒《いっぺんとう》では、豊かな社会は成り立ちません。世界平和への道を開かれている先生のお心に触れた思いがしました。

過日（二〇一八年）、創価大学が文部科学省「スーパーグローバル大学創成支援」事業の中間評価で、最高評価に当たる「S」評価に認定されたことも伺いました。卒業生も世界中で活躍されています。これも創立者である池田先生が学生たちと心を通わせ、築かれた伝統あってこそだと確信します。

また、私が触れ合ってきた学会の方は皆、人格者です。自分さえ良ければいいという利己主義の風潮が強い現代にあって、学会の皆さんは〝人のため、社会のため〟という志《こころざし》を持ち、誠実に生きている。こうした世界を築き上げた先生は桁外《けたはず》れの方です。

世間には嫉妬《しっと》したり、中傷《ちゅうしょう》したりする人がいます。自分の小さな尺度で見ているために、先生のスケールの大きさが分からないのでしょう。

池田先生の精神こそ、世界の模範《もはん》とするべきです。

先生は、使命に生きる大切さを教えられています。使命とは「夢」とも言えるのではないでしょうか。それは漠然としたものではなく、現実社会の中で描く「夢」。私自身も、さらなる夢を追って、走り続けていきます。

装丁／阿部元和
本文デザイン・ＤＴＰ／藤井国敏

東北のチカラ
みちのく魂と池田大作のまなざし

２０２０年１１月１８日　初版発行
２０２０年１２月 ２ 日　３刷発行

編　者／『東北のチカラ』編纂委員会

発行者／南　晋三
発行所　株式会社潮出版社
〒102-8110
東京都千代田区一番町６　一番町ＳＱＵＡＲＥ
03-3230-0781（編集）
03-3230-0741（営業）
振替口座　00150-5-61090

印刷・製本　中央精版印刷株式会社

ISBN 978-4-267-02244-9　C0095